Cristina Cusin-Busch

10 Schritte zu einem wirkungsvollen Newsletter

Psychologische Überzeugungsstrategien im Marketing

Diplomica Verlag GmbH

Cusin-Busch, Cristina: 10 Schritte zu einem wirkungsvollen Newsletter:
Psychologische Überzeugungsstrategien im Marketing. Hamburg, Diplomica Verlag
GmbH 2015

Buch-ISBN: 978-3-95934-584-2
PDF-eBook-ISBN: 978-3-95934-084-7
Druck/Herstellung: Diplomica® Verlag GmbH, Hamburg, 2015

Bibliografische Information der Deutschen Nationalbibliothek:
Die Deutsche Nationalbibliothek verzeichnet diese Publikation in der Deutschen
Nationalbibliografie; detaillierte bibliografische Daten sind im Internet über
http://dnb.d-nb.de abrufbar.

Das Werk einschließlich aller seiner Teile ist urheberrechtlich geschützt. Jede Verwertung außerhalb der Grenzen des Urheberrechtsgesetzes ist ohne Zustimmung des Verlages unzulässig und strafbar. Dies gilt insbesondere für Vervielfältigungen, Übersetzungen, Mikroverfilmungen und die Einspeicherung und Bearbeitung in elektronischen Systemen.

Die Wiedergabe von Gebrauchsnamen, Handelsnamen, Warenbezeichnungen usw. in diesem Werk berechtigt auch ohne besondere Kennzeichnung nicht zu der Annahme, dass solche Namen im Sinne der Warenzeichen- und Markenschutz-Gesetzgebung als frei zu betrachten wären und daher von jedermann benutzt werden dürften.

Die Informationen in diesem Werk wurden mit Sorgfalt erarbeitet. Dennoch können Fehler nicht vollständig ausgeschlossen werden und die Diplomica Verlag GmbH, die Autoren oder Übersetzer übernehmen keine juristische Verantwortung oder irgendeine Haftung für evtl. verbliebene fehlerhafte Angaben und deren Folgen.

Alle Rechte vorbehalten

© Diplomica Verlag GmbH
Hermannstal 119k, 22119 Hamburg
http://www.diplomica-verlag.de, Hamburg 2015
Printed in Germany

Inhaltsverzeichnis

Abkürzungsverzeichnis			**9**
1	**Einleitung**		**11**
	1.1	Problemstellung	11
	1.2	Zielsetzung	12
	1.3	Begriffsbestimmung	13
	1.4	Vorgehensweise	14
2	**Psychologische Persuasion**		**15**
	2.1	Persuasive Kommunikation	15
		2.1.1 Elaboration-Likelihood-Model	15
		2.1.2 Psychologische Überzeugungststrategien nach Cialdini	18
	2.2	Voraussetzungen zur Persuasion	23
		2.2.1 Bewusstsein und Willensfreiheit	23
		2.2.2 Kommunikation	25
		2.2.3 Überzeugungskriterien nach Gladwell	27
	2.3	Auswirkungen von Persuasion	30
		2.3.1 Einstellung	30
		2.3.2 Verhalten	33
3	**Persuasion im Internet**		**37**
	3.1	Persuasive Technologie	37
		3.1.1 Captology	37
		3.1.2 Triade der persuasiven Technologie	38
	3.2	Glaubwürdigkeitskonzept nach Fogg	42
		3.2.1 Glaubwürdigkeit	43
		3.2.2 Vier Arten der Glaubwürdigkeit	44
		3.2.3 Gestaltungsimplikationen	45
	3.3	Ethische Konsequenz	46
4	**Newsletter**		**49**
	4.1	Einordnung des Newsletters im Marketing	49
	4.2	Untersuchungen	50
	4.3	Ziele	53

4.4		Rechtliche Rahmenbedingungen	55
4.5		Newslettergestaltung	59
	4.5.1	Arten und technische Formate	59
	4.5.2	Inhaltsaufbau und Struktur	62
4.6		Erfolgsfaktoren	63
	4.6.1	Permission	63
	4.6.2	Kontakt	65
	4.6.3	Personalisierung und Individualisierung	67
	4.6.4	Mehrwert	69
4.7		Spam	71

5 Anwendung persuasiver Elemente im Newsletter — 73
- 5.1 Newsletter als persuasive Technologie … 73
- 5.2 Einsatz der psychologischen Überzeugungsstrategien … 76
- 5.3 Einsatz der Überzeugungskriterien … 77

6 10 Schritte zu einem persuasiven Newsletter — 79
- 6.1 Schritt 1: Zielfindung … 79
- 6.2 Schritt 2: Adressgewinnung … 80
- 6.3 Schritt 3: Newslettergestaltung … 81
- 6.4 Schritt 4: Versandvorbereitung … 89
- 6.5 Schritt 5: Testphase … 91
- 6.6 Schritt 6: Versandfreigabe … 92
- 6.7 Schritt 7: Durchführung … 92
- 6.8 Schritt 8: Evaluation … 93
- 6.9 Schritt 9: Nachbereitung … 95
- 6.10 Schritt 10: Erfolgskontrolle … 95

7 Schluss — 97
- 7.1 Zusammenfassung … 97
- 7.2 Fazit und Ausblick … 98

Abbildungsverzeichnis

2.1	Das Elaboration-Likelihood-Model	17
2.2	Klassische Kommunikation	25
2.3	Das Kommunikationsquadrat von Schulz von Thun	26
2.4	Das Dreikomponentenmodell der Einstellung nach Rosenberg und Hovland	32
2.5	Die Theorie des überlegten Handelns nach Ajzen und Fishbein	34
3.1	Captology	38
3.2	Triade der persuasiven Technologie	39
3.3	6-Seiten-Cave	41
3.4	Die zwei Dimensionen der Glaubwürdigkeit	44
3.5	Wirkung der Ethik auf die Persuasion	48
4.1	Die Einordnung des Newsletters im Marketing	50
4.2	Die verschiedenen Stadien des Kunden	55
4.3	Die drei Arten des Anmeldeverfahrens	64
6.1	Gegenüberstellung der zwei Standardschriftarten	85
6.2	Ein beispielhafter PTCA-Zyklus für die Newsletter-Aktion	96

Tabellenverzeichnis

2.1	Faktoren, die eine Informationsaufnahme beeinflussen oder verweigern	18
2.2	Die fünf Erfolgsfaktoren der Sympathie	21
2.3	Komponenten der Einstellung	31
3.1	Sieben Arten persuasiver Werkzeuge	40
3.2	Arten der sozialen Reize	42
3.3	Die vier Arten der Glaubwürdigkeit nach Fogg	45
3.4	„Web-credibilty"	47
4.1	Die fünf Wege der Kontaktaufnahme	66
4.2	Nutzenbringende Inhalte	70
4.3	Die Erfolgskriterien, um nicht im Spamfilter zu landen	72
6.1	Designrichtlinien für Animationen	87
6.2	Landing Page Gestaltung	89
6.3	Die zehn Regeln eines erfolgreichen Newsletters als persuasive Technologie	90

Abkürzungsverzeichnis

AGB	Allgemene Geschäftsbedingungnen
ASCII	American Standard Code for Information Interchange
ASP	Application Service Providing
B2B	Business to Business
B2C	Business to Costumer
BDSG	Bundesdatenschutzgesetz
CD	Corporate Design
CI	Corporate Identity
CLV	Customer Lifetime Value
CMS	Content Management System
CRM	Customer Relationship Management
CSA	Certified Senders Alliance
DDV	Deutscher Direktmarketing Verband
ELM	Elaboration Likelihood Model
FAQ	Frequently Asked Questions
HCI	Human-Computer Interaction
HTML	Hypertext Markup Language
HTTP	Hypertext Transfer Protocol
IT	Informationstechnik
KAA	Kognitiv-affektiver Ansatz
KVP	Kontinuierlicher Verbesserungsprozess
MIME	Multipurpose Internet Mail Extensions
NfC	Need for Cognition
PDF	Portable Document Format

RSS	Rich Site Summery
TDDSG	Teledienste-Datenschutzgesetz
URL	Uniform Resource Locator
USP	Unique Selling Proposition
UWG	Gesetz gegen unlauteren Wettbewerb
XML	Extensible Markup Language

1 Einleitung

Der Begriff Überzeugung beschreibt zwei Zustände. Zum einen bezieht er sich auf das Vertrauen in die grundlegende Richtigkeit der eigenen Ideen. Ist der Mensch von seiner Anschauung überzeugt, sei es durch Erfahrungen oder Experimente, lässt er sich nicht mehr von seiner vorherrschenden Meinung abbringen. Zum anderen ist Überzeugung auch, die Einstellung und Auffassung von jemandem bewusst und mit Absicht zu ändern. Dies wird durch Argumente oder das Schaffen von Tatsachen erreicht (o.V., 2007k). Überzeugungs- und Beeinflussungsprozesse spielen sich zu jeder Zeit, an jedem Ort und in jedem Alter ab. Schon kleine Kinder begreifen, welche Faktoren sie nutzen müssen, um eine Person das machen zu lassen, was sie wollen. Cialdini spricht in diesem Zusammenhang von „weapon of influence", der „Waffen der Einflussnahme" (Cialdini, 2006, S. 15). Für ihn ist die Kraft der Überzeugung die Psychologie der „Willfährigkeit", also der „compliance" (Cialdini, 2006, S. 15).

> *„(...) Leute zu automatischer, gedankenloser Willfährigkeit zu bringen, dazu, ohne vorherige Überlegung ja zu sagen. Alles deutet darauf hin, dass das immer schneller werdende Tempo und die Flut von Informationen, die das Leben in unseren Zeiten mit sich bringt, dazu führen werden, dass diese unüberlegte compliance in Zukunft immer häufiger werden wird." (Cialdini, 2006, S. 17)*

Er spricht dabei von den automatischen Beeinflussungsmechanismen. Unternehmen haben jedoch nicht die Absicht, ihre Kunden dahin zu beeinflussen, dass sie automatisch reagieren. Ihr Ziel besteht darin, Neukunden durch Überzeugung zu gewinnen, die sich zu Stammkunden entwickeln. Dieses Ziel zu erreichen, erweist sich als schwieriger als erwartet.

1.1 Problemstellung

In der Informationsgesellschaft sind Information und Kommunikation die entscheidenden Erfolgsfaktoren. Ein Nachteil ist die Reizüberflutung, die durch die Präsenz von

Information an jedem Ort und zu jeder Zeit auf den Menschen einwirkt. Vor allem im Internet haben Informationsanbieter die Anzahl der Werbebotschaften erhöht, um vom Kunden beachtet zu werden. Dazu werden permanent zum Beispiel Werbebanner geschaltet, die aber vom Konsumenten als Belästigung angesehen werden. Die negative Wirkung drückt sich durch Desinteresse und Langeweile aus. Die Botschaft hinter der Anzeige bleibt wirkungslos, denn sie geht in der Masse unter. Der Empfänger ist nicht in der Lage, zu unterscheiden, was erwünschte Information und was unerwünschte Werbung ist. Es wird alles intuitiv weggefiltriert.

Unternehmen sehen sich vor der neuen Herausforderung, Neukunden zu gewinnen und ihren bestehenden Kundenkreis zu binden. Knapp neunzig Prozent der Unternehmen setzen dafür E-Mail-Marketing ein (Schwarz, 2006b, vgl.). Immer mehr Webauftritte bieten heute die Option, Informationen per E-Mail zu beziehen. Durch den Newsletter als Push-Technologie[1] ist eine regelmäßige Informationsversorgung gesichert. Voraussetzung ist, dass das Unternehmen die E-Mail Adresse des potentiellen Kunden erhält. Viele Nutzer sind mit der Herausgabe ihrer E-Mail Adresse vorsichtig geworden, da sie schon Opfer von unerwünschten Zusendungen (Spam) geworden sind.

Der Newsletterversand darf nur mit der ausdrücklichen Einwilligung des Empfängers stattfinden. Viele Webauftritte haben die Anmeldung auf der Homepage daher mit einer Newsletterbestellung gekoppelt. Der Besucher merkt jedoch oft nicht, dass er mit seiner Handlung eben einen Newsletter abonniert hat. Ungewollt bestellte Newsletter kann er dann zwar kündigen, jedoch erfordert dies Zeit und Aufwand und erzeugt dadurch einen negativen Eindruck, der vom Anbieter gerade nicht erwünscht ist.

Unternehmen müssen die Konsumenten von ihrem Angebot „Newsletter" ehrlich überzeugen. Interesse und Neugier können sie beim Kunden nur durch hochwertige und relevante Informationsübermittlung erreichen. Ein Unternehmen, das sich von der Konkurrenz abheben und wettbewerbsfähig sein will, muss den Werbeanteil in der E-Mail niedrig halten und dem Leser einen Mehrwert an Informationen bieten.

1.2 Zielsetzung

In der vorliegenden Studie geht es um die Frage, wie ein Newsletter durch die Anwendung von Überzeugungsstrategien und Faktoren die Kunden binden und neue Kunden gewinnen kann. Dafür wird ein allgemeines Konzept zur Gestaltung des Newsletters als persuasive Technologie entwickelt. Es vereint die Schlüsselfaktoren des Newsletters

---

[1]Push-Technologien sind Technologien, die passiv Informationen übermitteln. Der Anwender empfängt ohne aktiv zu werden die erwünschten Informationen (vgl. Stock, 2000, S. 53f.).

mit den persuasiven Elementen. Dieses Konzept ist in Form einer einfachen Schritt-für-Schritt-Anleitung aufgebaut. Dies soll die Umsetzung in die Praxis erleichtern. Die psychologischen Überzeugngsstrategien von Cialdini (Cialdini, 2006), die persuasiven Faktoren von Gladwell (Gladwell, 2002) und die wichtigsten Argumente der Arbeit Foggs (Fogg, 2003) liefern dem Konzept das theoretische Grundgerüst.

1.3 Begriffsbestimmung

An dieser Stelle werden die Schlüsselbegriffe, die zum Verständnis dieser Studie wichtig sind, bestimmt und kurz erläutert.

Psychologische Überzeugungsstrategien Der hier verwendete Ausdruck Psychologische Überzeugungsstrategien basiert auf Cialdini (Cialdini, 2006). Er bezieht sich auf allgemeine Strategien im Alltag, die darauf abzielen, die Einstellung, Meinung und Handlung des Menschen zu ändern. Dieser Ausdruck umfasst die sechs verschiedenen Strategien der Einflussnahme. Neben der Reziprozitätsregel, der sozialen Bewährtheit und der Sympathie existieren noch die Technik der Knappheit, die Strategie der Commitment und Konsistenz und die Autorität (vgl. Cialdini, 2006). Da der Einsatz der Überzeugungsstrategien nicht offensichtlich, sondern unauffällig ist, sind sie von der Zielperson nicht zu erkennen.

Newsletter Der Begriff Newsletter kommt aus dem englischen und bedeutet „Mitteilungsblatt" oder „Verteilernachricht" (Schradi, o. A.). Er ist ein regelmäßig wiederkehrendes E-Mail-Rundschreiben, das nur durch ausdrückliches Einverständnis des Empfängers versendet wird. Hingegen werden Spam-E-Mails ohne Einholen der Erlaubnis des Lesers versendet. Newsletter sind aus relevanten und kurzen Meldungen zusammengesetzte E-Mails. In der Regel beinhaltet jede Form und Art eines Newsletters Verlinkungen, die auf Landing Pages[2] führen. Der Leser erhält durch den Newsletter regelmäßig und kostenlos aktuelle Informationen zu seinem ausgewählten Themenkreis.

Persuasive Technologie Die persuasive Technologie nach Fogg (Fogg, 2003) bildet ab, inwiefern eine Computertechnologie durch ihre Eigenschaften persuasiv, also überzeugend auf den Menschen wirkt. Fogg sieht hier den Computer als Werkzeug, als sozialer Akteur und als Medium (Fogg, 2003). Der Begriff Persuasion wird vom Duden

---

[2]Landing Page ist die Website mit weiterführenden Informationen, auf die die Links im Newsletter oder E-Mailings verweisen (vgl. Aschoff, 2005, S. 79).

mit Überredung übersetzt (o.V., 2002a). Persuasive Technologien sollen ohne Zwang und Vortäuschung überzeugen (vgl. Fogg, 1998, S. 15).

> „(...) persuasion is an attempt to change attitudes or behaviors or both (without using coercion or deception)." (Fogg, 1998, S. 15)

Persuasive Technologien sollen nur überzeugen, wenn der User dies wünscht und zuläßt.

1.4 Vorgehensweise

Um die Zielsetzung dieser Studie zu erfüllen, wird zunächst grundlegendes über die psychologische Persuasion aufgezeigt. Auf Basis persuasiver Kommunikation wird das Elaboration-Likelihood-Model vorgestellt. Darauf aufbauend werden die Überzeugungsstrategien von Cialdini (Cialdini, 2006) abgeleitet. Nachdem die Techniken der Überzeugnsarbeit vertraut sind, werden die Voraussetzungen und die Auswirkungen psychologischer Persuasion veranschaulicht.

Auf diesen Erkenntnissen aufbauend stellt die Untersuchung in Kapitel 3 die Persuasion im Internet vor. Hier sind die Forschungsergbenisse und Erkenntnisse Foggs (Fogg, 2003) aufgeführt. Fogg hat erkannt, das Computertechnologie die Motivation und Überzeugung von Menschen auf drei Arten beeinflussen kann. Das Glaubwürdigkeitskonzept ist dabei das zentrale Element. Abschließend geht das Kapitel auf die ethische Konsequenz überzeugungsfähiger Computertechologien ein.

Der Newsletter repräsentiert den Gegenstand, an dem die persuasiven Strategien angewendet werden. Im Kapitel 4 wird er daher ausführlich behandelt. Nach Einordnung des Newsletters im Marketing werden die wichtigsten Untersuchungen über die Benutzerfreundlichkeit (Usability) des Newsletters wiedergegeben. Weiter wird auf die Newslettergestaltung eingegangen und die wichtigsten Erfolgsfaktoren eines Newsletters herausgestellt. Auf Basis der Erfolgsfaktoren, werden die wesentlichen Ziele aufgeführt.

Kapitel 5 führt die vorher vorgestellten Argumente aus Kapitel 3 und 4 zusammen. Es wird aufgezeigt, warum ein Newsletter als persuasive Technologie geeignet ist. Der Einsatz der Überzeugungsstrategien und der persuasiven Merkmale im Newsletter werden anhand realer Beispiele demonstriert.

Anschließend wird im Kapitel 6 das allgemeine Konzept zur Gestaltung eines Newsletters als persuasive Technologie vorgestellt. Die Ausarbeitung des Konzepts erfolgt in Form einer Newsletter-Aktion, die in Schritten unterteilt ist. Unter Schritt 3 findet der Leser 10 Regeln für einen erfolgreichen Newsletter als persuasive Technologie mit den zu erwartenden persuasiven Strategien und Kriterien.

2 Psychologische Persuasion

Dieses Kapitel behandelt die grundlegenden Elemente der psychologischen Persuasion. Es wird zunächst erklärt, was persuasive Kommunikation ist und in diesem Zusammenhang das Elaboration-Likelihood-Model vorgestellt. Darauf aufbauend werden die Überzeugungsstrategien von Cialdini (Cialdini, 2006) abgebildet. Anschließend werden die Voraussetzungen zur Persuasion, wie etwa der Verankerungsfaktor und die Auswirkungen auf die Einstellung und das Verhalten persuasiver Kommunikation aufgezeigt.

2.1 Persuasive Kommunikation

Situationen, in denen Menschen zu einer Handlung oder von einem Sachverhalt zu überzeugen versuchen, finden sich täglich. Der Zuhörer ist der Einflussnahme des Kommunikators ausgesetzt. Wer erfolgreich seinen Gegenüber überzeugen und beeinflussen will, erreicht das durch persuasive Kommunikation. Der Sender einer persuasiven Botschaft hat in erster Linie das Ziel, die Einstellung und das Verhalten des Zuhörers zu verändern. Durch seine Nachricht will er die Meinung des Empfängers an seine Auffassung angleichen. Bergers allgemeine Definition beschreibt am ehesten die Aufgabe und das Ziel der persuasiven Kommunikation:

> *„Communication that is persuasive is directed toward changing or altering another person's beliefs, attitudes, and, ultimately, behaviors." (Berger, o.A.)*

Persuasive Kommunikation ist Informationsaustausch zwischen Menschen, wobei einer mit unterschiedlichen kommunikativen Mitteln den anderen beeinflussen und überzeugen will etwas zu tun oder zu glauben.

2.1.1 Elaboration-Likelihood-Model

Das Elaboration-Likelihood-Model (ELM) von Petty und Cacioppo beleuchtet die Auswirkungen einer persuasiven Nachricht auf den Empfänger, angesichts seiner Haltung gegenüber dem Inhalt der Nachricht. Es gibt zwei verschiedene Wege der Mitteilungsverarbeitung (Elaboration), die sich infolge persuasiver Kommunikation aufzeigen. Die zentrale Frage ist, ob der Empfänger die Motivation und die Fähigkeit besitzt, aufmerksam zuzuhören (vgl. Syque, 2007).

> *„ELM ist eine Theorie der Persuasion, die definiert, wie wahrscheinlich Menschen ihre kognitiven Prozesse darauf konzentrieren werden, eine Botschaft zu elaborieren und daher den zentralen und peripheren Routen zur Persuasion folgen."* (Zimbardo und Gerrig, 2004, S. 777)

Bei der zentralen Verarbeitung der Mitteilung wird davon ausgegangen, dass der Empfänger wissenbedürftig (Need for Cognition, NfC) und deshalb primär an den Argumenten und der Qualität der Nachricht interessiert ist. Er ist motiviert und besitzt die Fähigkeit, das neue Wissen zu verarbeiten. Ist die Person vom Inhalt der Mitteilung überzeugt, stellt sich eine langanhaltende, änderungsresistente Überzeugung ein.

Die zweite Route nennen Petty und Cacioppo den peripheren Weg. Hier sind die Argumente und die Qualität der Nachricht Nebensache. Hinweisreize (cues), wie beispielsweise die Glaubwürdigkeit des Referendars, sein Äußeres, die Zustimmung der Anderen oder Quellenangaben des Artikels sind ausschlaggebend (vgl. Syque, 2007). Menschen, die ein Thema wenig interessant finden, stützen sich eher auf die Aussagen peripherer Hinweise, als auf die Aussagekraft der Argumente. Dabei dient die persönliche Betroffenheit als Motivation für das Heranziehen peripherer Reize. Die Konsequenz ist eine schwache und instabile Einstellungsänderung. Bei einer persuaiven Kommunikation ist die Person anfällig für weitere Überzeugungsarbeit. Abbildung 2.1 auf der nächsten Seite stellt die zwei Wege und ihre Konsequenzen detailliert dar.

Die Art und Weise, in der Personen einstellungsrelevante Informationen verarbeiten, hängt im Wesentlichen von ihren Fähigkeiten und ihrer Motivation ab. Sind diese zur intensiven Verarbeitung von Argumenten zu gering, erhöht sich die Relevanz von Hinweisreizen. Steigt dagegen die Motivation zum Wissenserwerb, so werden periphere Reize immer unwichtiger.

Ist eine Person *abgelenkt*, so wird sie nicht in der Lage sein, die versendete Botschaft zu verarbeiten und zu verstehen. Aufgrund ihrer Unaufmerksamkeit achtet sie eher auf die Hinweisreize der peripheren Mitteilungsverarbeitung. Tiefgründige Argumente werden daher nicht aufgenommen und so kann auch ein Lernprozess nicht eintreten (vgl. Koschnick, o.A.).

Ein Überzeugungstalent hat bei einem Abgelenkten wenig Mühe die Meinung und das Verhalten zu verändern. Die Ablenkung verringert die Produktion von Gegenargumenten und reduziert die Fähigkeit zur tiefen Verarbeitung von Information (vgl. Koschnick, o.A.).

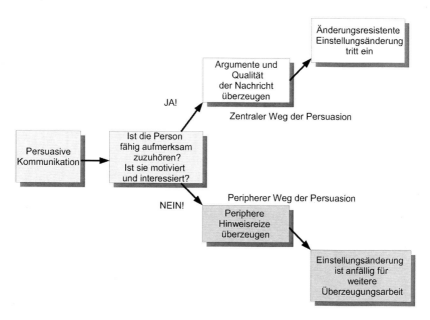

Abbildung 2.1: Das Elaboration-Likelihood-Model
(vgl. Syque, 2007)

Auch die Stimmung des Empfängers beeinflusst die Aufnahme der Information und den Erfolg der persuasiven Kommunikation. Ist der Zuhörer in *guter Stimmung*, ist das ein weiterer Grund, die dezentrale Mitteilungsverarbeitung zu bevorzugen. Ist er hingegen in *schlechter Stimmung*, dann wird die zentrale Route der Informationsverarbeitung gewählt (vgl. Strauß, 2004).

Personen mit einem hohen Wissensbedarf (NfC) sind weniger anfällig für dezentrale Reize und verarbeiten relevantes Wissen wesentlich tiefer. Menschen mit einem niedrigen Kognitionsbedürfnis [1] verarbeiten Wissen nur oberflächlich und neigen bei starken Argumenten zu einer geringeren Einstellungsänderung (vgl. Strauß, 2004).

Aber auch Faktoren anderer Art beeinflussen oder verweigern die Aufnahme von zentraler wie peripherer Information, wie in Tabelle 2.1 auf der nächsten Seite aufgezeigt.

---

[1] Kognitionsbedürfnis ist das Bedürfnis nach Wissen und Schlussfolgerungen. Hier betrifft es die Informationsverarbeitung, indem Neues gelernt und Wissen verarbeitet wird (vgl. Zimbardo und Gerrig, 2004, S. 344).

Faktoren, die eine Informationsaufnahme beeinflussen oder verweigern	
Persönliche Merkmale	Selbstwertgefühl, eigene Intelligenz, eigene Überzeugung, Verantwortungsbewusstsein
Werte	Gerechtigkeit, Meinungsfreiheit, Unabhängigkeit
Soziale Identität	Durch Beruf, Freunde, Familie, Lebensraum
Physische Einschränkung	Durch Taubheit, Blindheit, Querschnittslähmung, ähnliche körperliche Behinderung
Psychische Einschränkung	Depression, Schizophrenie, Autismus, ähnliche psychische Krankheiten

Tabelle 2.1: Faktoren, die eine Informationsaufnahme beeinflussen oder verweigern (vgl. Strauß, 2004)

2.1.2 Psychologische Überzeugungststrategien nach Cialdini

Persuasion betreiben Menschen, sobald sie miteinander kommunizieren. Cialdini zeigt verschiedene Situationen auf, in denen mittels Kommunikation verschiedene Überzeugungsstrategien zur Anwendung kommen. Für Cialdini ist die heutige informationsüberladene, komplexe und schnelllebige Welt der Grund, warum Menschen nicht mehr die Zeit und geistige Kapazität haben, alle Informationen zur Entscheidungsfindung zu sammeln und abzuwägen (vgl. Cialdini, 2006, S. 17). Nach Cialdini beginnt der Mensch nach „fixen Handlungsmustern" zu reagieren, die automatisch und unbewusst ablaufen (Cialdini, 2006, S. 39). Dieses stereotype Verhalten wird durch Auslösemerkmale („trigger feature") hervorgerufen, die erlernt oder angeboren sind (Cialdini, 2006, S. 39). Diese Neigung zu fixen Handlungsregeln wird von einigen Menschen durch manipulieren der „trigger feature" ausgenutzt (vgl. Cialdini, 2006, S. 39). Durch die Reduktion der Entscheidung auf die Teilinformation ist das Individuum anfälliger für die Herstellung von „compliance"[2].

---

[2] Eine Verhaltensänderung, die in Übereinstimmung mit der Bitte einer Kommunikationsquelle steht (vgl. Zimbardo und Gerrig, 2004, S. 782).

Commitment und Konsistenz   Commitment und Konsistenz bedeutet Standpunkt beziehen, sich auf etwas festlegen (vgl. Cialdini, 2006, S. 92). Menschen haben das Grundbedürfnis, in Worten und Taten konsequent zu sein und glaubwürdig aufzutreten. Sie wollen in der Gesellschaft ein positives Image genießen. Eine Person, die konsistent handelt, wird mit Intelligenz, Logik, Vernunft, Stabilität und Ehrlichkeit in Verbindung gebracht (vgl. Cialdini, 2006, S. 92). Inkonsistent ist hingegen jemand, der Überzeugungen, Aussagen und Handlungen im Widerspruch zueinander bringt. Konsistenz verhilft auch hier dem Menschen zum automatischen Reagieren, da es eine wenig aufwändige, aber effiziente Methode zur Bewältigung der komplexen Realität ist (vgl. Cialdini, 2006, S. 93). Eine einmal getroffene Entscheidung trägt den Vorteil, dass die Person sich keine Gedanken mehr über das Für und Wider der Angelegenheit machen muss.

Das Bestreben nach Commitment und Konsistenz ist in den Händen des Überzeugers eine starke Waffe der Einflussnahme. Um „compliance" mit der Aufforderung zu erreichen, wenden viele Überzeugungstalente die „Foot-in-the-door-Technik" an. Der erste Schritt besteht darin, eine kleine Bitte zu stellen, die von der Zielperson erfüllt wird. Im zweiten Schritt wird ein größeres Anliegen vorgetragen, dessen Bewilligung wahrscheinlicher ist, da die Zielperson sich verbindlich fühlt, diese ebenfalls zu erfüllen. Der Überzeugungsspezialist nutzt das Gefühl von Verbindlichkeit aus, um seine spätere „compliance" zu vergrößern (vgl. Zimbardo und Gerrig, 2004, S. 783). Aussagen, wie etwa: "Ich weiß, dass Sie hochwertige Nahrungsmittel schätzen, also weiß ich auch, dass Sie bereit sind dafür mehr zu zahlen." (Zimbardo und Gerrig, 2004, S. 783), gibt dem Kunden das Gefühl, sich folgewidrig zu verhalten, wenn er das Angebot nicht annimmt. Ein konsistentes Verhalten wird am ehesten erreicht, wenn es öffentlich, mit viel Mühe verbunden und freiwillig ist. Menschen haben die Grundeinstellung, immer konsistent zu handeln und einmal getroffene Entscheidungen und Überzeugungen nicht neu zu überdenken und zu revidieren.

Soziale Bewährtheit   Das Prinzip der sozialen Bewährtheit drückt aus, dass sich Menschen zur Entscheidungsfindung an dem Verhalten und der Meinung anderer orientieren (vgl. Cialdini, 2006, S. 154). Viele Menschen zeigen das gleiche Verhalten, wenn es sich sozial bewährt hat. Sie gehen davon aus, dass die Summe der Meinungsanhänger für das korrekte Verhalten Beweis und Beleg genug ist.

> *„(...) wenn wir unsicher sind, wenn die Situation unklar oder mehrdeutig ist, wenn alles ungewiss ist, wir am ehesten geneigt sind, unser Augenmerk darauf zu richten, was andere tun, und deren Verhalten zur Richtschnur unseres eigenen Handelns zu machen." (Zimbardo und Gerrig, 2004) zitiert nach (Tesser u. a., 1983)*

Wissen Menschen nicht, welches Verhalten das Richtige ist, da sie sich in der Situation unsicher fühlen oder sie mehrdeutig ist, beobachten sie andere, um die eigene Unsicherheit zu überwinden. Darauf aufbauend besitzt das Merkmal Ähnlichkeit noch einen größeren Einfluss auf das Verhalten. Menschen orientieren sich eher an jemandem, wenn dieser ihm in Aussehen, Verhalten und Überzeugung ähnelt (vgl. Cialdini, 2006, S. 179). Sie wollen Klärung darüber, welches Verhalten für sie angemessen ist, indem sie die Zielperson imitieren. Überzeuger sind in der Lage, dieses Verhaltensmuster zu beeinflussen, indem sie die Anzeichen manipulieren. Sie nutzen die Merkmale der sozialen Bewährtheit, wie

- Unsicherheit und
- Ähnlichkeit

zu ihrem Vorteil. Der Zielperson wird erklärt, dass sich schon viele Menschen vor ihr ähnlich verhalten haben und dass es sich für sie ausgezahlt hat. Die Zielperson erfüllt automatisch die Bitte, da sie von der sozialen Bewährtheit, belegt durch Dritte, überzeugt ist.

Sympathie Eine weitere Strategie, die zu den „weapons of influence"[3] gezählt wird, ist die Sympathie[4]. Dieses Gefühl äußert sich in einem starken Engagement für die Idee oder den Menschen, der sympathisch, also liebenswürdig, nett und freundlich gefunden wird. Ein Überzeugungsstratege hat daher das Ziel, sympathiefördernde Faktoren, wie in Tabelle 2.2 auf der nächsten Seite aufgezeigt, wirkungsvoll umzusetzen (vgl. o.V., 2007j).

Ist der Überzeugungsprofi fähig, diese fünf Faktoren einzusetzen, ist die Bereitschaft beim Kunden, sich überzeugen zu lassen, wesentlich höher.

Autorität Der Begriff Autorität bedeutet Einfluss, Geltung, Würde und Macht (vgl. o.V., 2007a). Experten verschafft sie Ansehen, das dazu führt, dass sich andere Menschen in ihrem Denken und Handeln nach ihnen richten. Wohlbegründete Autorität entsteht durch vorausgehende Erfahrung, besondere Fähigkeiten im Fachgebiet und Wissensvorsprung (vgl. o.V., 2007a). Schon Kinder haben gelernt, Autoritätspersonen (Eltern, Lehrer) zu folgen, da sie die Erfahrung machten, dass es sich lohnt, auf ihren Rat zu hören. Nicht allein wegen ihres Wissens, sondern wegen ihrer Macht zur Belohnung oder Bestrafung werden Autoritäten respektiert und angesehen.

---

[3] Waffen der Einflussnahme (Cialdini, 2006, S. 168).
[4] Ein Gefühl der Zuneigung eines Menschen zu einem Lebewesen oder zu einer Idee, das weder Liebe, Freundschaft noch persönliche Bekanntschaft voraussetzt (vgl. o.V., 2007j).

Die fünf Erfolgsfaktoren der Sympathie	
Äußere Attraktivität	gepflegte Kleidung, Frisur, Make-Up und Schmuck
Ähnlichkeit	durch Kleidung, Meinungen, Herkunft, Lebensstil
Komplimente	durch Lob, Anerkennung
Kontakt und Kooperation	Wiederholter Kontakt und Kooperation unter positiven Bedingungen stattfinden lassen.
Konditionierung und Assoziation	Verbindung zu einem günstigen und positiven Ereignis oder Produkt herstellen, um sich von ungünstigen Gefühlen durch negative Ereignisse zu distanzieren.

Tabelle 2.2: Die fünf Erfolgsfaktoren der Sympathie
(vgl. Cialdini, 2006, S. 221ff.)

Die Bereitschaft, sich einer legitimen Autorität unterzuordnen ist für viele Menschen angenehm, denn sie müssen keine Verantwortung übernehmen und sich selbst keine Gedanken zu einem Thema machen. Gehorsam bringt Menschen dazu, ohne Hinterfragung zu vertrauen (vgl. Cialdini, 2006, S. 269). Drei Hinweise, die einen Experten zu einer autoritären Person machen sind

- Titel (Akademischer Grad, Dienstgrad bei der Bundeswehr),
- Kleidung (Uniform, Gesellschaftsanzug) und
- Automobil als Prestigeobjekt.

Autoritätssymbole haben Erfolg bei der Veränderung der Einstellung und des Verhaltens der Zielperson. Überzeugungstüchtige nutzen die Autoritätshörigkeit der Menschen, um sich glaubwürdig und vertrauenerweckend darzustellen.

Knappheit Beim Knappheitsprinzip messen Menschen Gelegenheiten (Produkte, Informationen) einen höheren Wert bei, wenn sie schwer zu erreichen sind. Der Ursprung dieser Reaktion liegt bei der Überzeugung, dass

- knappe Güter eine höhere Qualität haben müssen und dass

- zunehmende Unerreichbarkeit einer Sache Verlust von Freiheit einschließt (Cialdini, 2006).

Knappheit spielt auch für die Bewertung von Information eine große Rolle. Ist Information nicht frei zugänglich und knapp in ihrer Verfügung, so erscheint auch sie wertvoller (vgl. Cialdini, 2006, S. 296). Der Wunsch, die Information nicht nur zu besitzen, sondern sich nach ihr zu richten, wird immer dringender. Sie wird als exklusiv angesehen und ist somit effektiver in ihrer Überzeugungskraft.

Mit den Überzeugungsstrategien, wie „die Taktik der kleinen Menge" und „die Fristentaktitk", wird dem Kunden vorgetäuscht, dass Produkte zeitlich oder mengenmäßig begrenzt sind (Cialdini, 2006, S. 297f.). So häufen sich Aussagen, wie „Solange der Vorrat reicht!", „Nur noch kurze Zeit!" und „Letzte Gelegenheit!". Der Kunde ist nach dem Knappheitsprinzip gezwungen zu handeln. Dabei ist es irrelevant, ob er das Produkt oder die Information benötigt, nur der Gedanke, dass er was verpassen oder verlieren könnte, versetzt ihn in emotionale Erregung. Zwei Bedingungen, die eine höhere Wertschätzung der Produkte und Informationen erlangen sind erstens die kurzfristige Knappheit und zweitens die Verteidigung gegenüber der Konkurrenz (vgl. Cialdini, 2006, S. 322).

Reziprozität Die wirkungsvollste Technik, in der Personen „compliance" mit ihren Aufforderungen herstellen, ist die Reziprozität. Sie fokusiert die Strategie, anderen Menschen einen Gefallen, eine Leistung oder ein Entgegenkommen zurückzugeben, wenn sie diese angeboten und angenommen haben (vgl. Zimbardo und Gerrig, 2004, S. 783). Menschen werden von Kindheit an konditioniert, sich schuldig und unwohl zu fühlen, wenn sie jemandem einen Gefallen abschlagen. Wer nimmt, ohne zu Geben ist in der sozialen Gemeinschaft unbeliebt und wird eine Randposition besetzen (vgl. Cialdini, 2006, S. 63). Die Anwendung der Regel fördert die Entwicklung von reziproken Beziehungen, um Personen, die eine solche Beziehung initiieren, keine Verluste erleiden zu lassen. Überzeugungsspezialisten nutzen die Reziprozitätsregel, indem sie die Verpflichtung der Annahmne für sich instrumentalisieren.

Die „Door-in-the-face-Technik" oder auch „Neuverhandeln-nach-Zurückweisen-Taktik" ist die bekannteste Strategie, um Menschen zu beeinflussen (Cialdini, 2006, S.68). Ein Überzeugungsstratege nutzt hierbei die Macht der Konzession. Er beginnt mit einer Forderung, welche bewusst so groß ist, dass die Zielperson sie ablehnt. Es folgt eine kleinere Bitte, die eigentliche Forderung, die als Zugeständnis formuliert wird. Das Opfer fühlt sich verpflichtet die zweite Forderung anzunehmen, da es das vorangegangene Angebot abgelehnt hat und nicht weiter in der Schuld des Überzeugers stehen möchte. Diese Taktik zielt auf das Schuldbewusstsein des Empfängers. Mit dem Annehmen des zweiten Angebots fühlt sich das Opfer befreit. Der Forderungssteller hat bewusst in seiner Zielperson zwei Gefühle ausgelöst:

Verantwortung	Die Person fühlt sich verantwortlich für das Zustandekommen der Vereinbarung (vgl. Cialdini, 2006, S. 67).
Zufriedenheit	Die Person ist zufriedener, wenn eine Vereinbarung durch gegenseitige Zugeständnisse erreicht wird (vgl. Cialdini, 2006, S. 67).

Reziprozität führt auf drei Wege zur Konzession. Erstens schaltet sie Einflüsse anderer Faktoren aus, die für die Entscheidung ausschlaggebend gewesen wären. Zweitens bezieht sie sich auf ungebetene Gefälligkeiten und schränkt die Fähigkeit zur Selbstbestimmung ein, wem der Betroffene etwas schuldig sein will. Drittens bezieht sie sich auf den Austausch ungleicher Gefälligkeiten, um das unangenehme Gefühl loszuwerden, jemandem etwas schuldig zu sein.

2.2 Voraussetzungen zur Persuasion

Menschen, die durch psychologische Persuasion Einfluss auf ihre Gegenüber nehmen wollen, müssen die Fähigkeit besitzen, ihren Willen zu bestimmen, um überzeugend die Handlung der Zielperson zu verändern. Weitere Voraussetzung zur Überzeugungsarbeit ist die Kommunikation, die sich auf unterschiedlichen Ebenen ereignen kann. Als dritte Voraussetzung zur Persuasion werden hier die drei Kriterien Überzeugungsträger, Verankerungsfaktor und die Macht der Umstände aufgezeigt.

2.2.1 Bewusstsein und Willensfreiheit

Bewusstsein beschreibt einerseits den Bezug von Personen auf Objekte der Wahrnehmung von Dingen. Andererseits ist Bewusstsein aber auch ein mentaler Zustand. Der Mensch besitzt die Fähigkeit, über Gedanken, Emotionen oder Erinnerungen zu verfügen. Es ist eine Hilfestellung für Überlegungen und Entscheidungen und dient zur Kontrolle des Verhaltens (vgl. Eisler, 2004a). Das Selbstbewusstsein bezieht sich auf den Menschen, der sich seiner Identität klar ist. Er nimmt seine Fähigkeiten im Denken und Fühlen persönlich wahr und ist in der Lage die Konsequenzen seines Handelns abzuschätzen. Nach Kant entsteht Selbstbewusstsein durch: *„Beobachtung und Reflexion des eigenen Ichs von außen." (Eisler, 2006)*. Der durch Eisler zitierte folgende Ausspruch Kants betrachtet das eigene Bewusstsein:

> *„Ich bin mir selbst ein Gegenstand der Anschauung und des Denkens (...)"*
> *(Eisler, 2004b).*

Durch das Bewusstsein des eigenen Ichs ist der Mensch in der Lage, frei zu entscheiden und zu handeln. Menschen handeln frei, wenn sie nicht nur tun können, was sie wollen, sondern wenn sie auch *bestimmen* können, was sie wollen (vgl. Beckermann, 2005). Sie entscheiden, nach welchen Motiven, Wünschen und Überzeugungen sie handeln. Folglich basieren Entscheidungen nicht einzig auf Handlungsfreiheit, sondern auch auf Willensfreiheit (vgl. Beckermann, 2005):

Handlungsfreiheit   Eine Person ist in ihrem Handeln frei, wenn sie tun kann, was sie tun will (vgl. Beckermann, 2005).

Willensfreiheit   Eine Person ist in ihrem Wollen frei, wenn sie die Fähigkeit hat, ihren Willen zu bestimmen, welche Motive, Wünsche und Überzeugungen handlungswirksam werden sollen (vgl. Beckermann, 2005).

Freie Entscheidungen zu treffen und sie widerrufen zu können, resultiert also aus dem „freien Willen". Bewusst gewollte und freie Handlungen stehen mit einem Entschluss und einem Ziel und damit verbundenen Wünschen, Absichten oder Motiven in direktem Zusammenhang. Handlungen und Entscheidungen sind nicht frei und gewollt, wenn sie unter Zwang erfolgen und durch Zufall passieren. Entscheidungen sind frei, wenn

- die Bedingung des „Anders-Handeln-" oder „Anders-Entscheiden-Könnens" eintritt,

- die Urheberschaftsbedingung zutrifft und

- die Kontrollbedingung tangiert wird (vgl. Beckermann, 2005).

Personen müssen eine Wahl zwischen Alternativen haben. Freie Handlungen setzen auch eine Person als Urheber vorraus, die für ihr Verhalten verantwortlich gemacht werden kann. Pauen nennt es das „Minimalkonzept des Urheberprinzips" (Pauen, 2005, S. 57). Das dritte Merkmal freier Entscheidungen betrifft die Kontrollbedingung. Der Mensch ist Urheber seiner Entscheidung und daher unterliegt sie seiner vollen Kontrolle (vgl. Beckermann, 2005).

„Personale Präferenzen", wie Wünsche, Überzeugungen und Bedürfnisse sind subjektiv und individuell und die Gründe, warum in bestimmten Situationen jeder Mensch anders handelt (vgl. Pauen, 2005, S. 58). Ein Mensch mit einem weniger starken Willen und einem geringen Selbstbewusstsein ist unter Persuasionsarbeit wesentlich einfacher zu beeinflussen als eine selbstbestimmte Person mit festem Willen.

2.2.2 Kommunikation

Allgemein ist Kommunikation die Übermittlung einer Nachricht vom Versender zum Empfänger mittels Zeichen und Symbolen, wie die Abbidlung 2.2 darstellt (vgl. Klein und Kresse, 2005, S. 55). Dabei existiert die Schwierigkeit, als Rezipient den Inhalt der versendeten Nachricht richtig zu interpretieren. Dem Kommunikator fällt die Aufgabe zu, seine Gedanken genau und eindeutig zu formulieren.

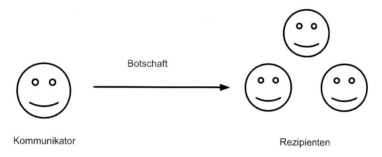

Abbildung 2.2: Klassische Kommunikation

Kommuniziert wird immer auf mehreren Ebenen. Meistens ist nicht der Inhalt ausschlaggebend, sondern die unterschwellige Botschaft[5]. In der Sprache sowie in der Schrift haben diese unterschwelligen Signale eine starke Aussagekraft. Jede Äußerung des Versenders enthält unterschwellige Botschaften. Das folgende Kommunikationsmodell in Abbildung 2.3 auf der nächsten Seite zeigt vier Seiten einer Botschaft. Die Sachebene, die Apellebene, die Beziehungsebene und die Selbstkundgabe. Unterschwellig kommuniziert wird auf der Beziehungsebene und der Selbstkundgabe. Nicht jeder Zuhörer ist in der Lage, die unterschwelligen Botschaften richtig einzuordnen. Dennoch wird jede Art von Botschaft versucht zu filtern (vgl. von Thun, 2004).

Die Sachebene gibt klar an, über was informiert wird. Sie bezeichnet den Inhalt der Kommunikation, also die Daten, Fakten und den Sachverhalt. Dabei werden die Kriterien Wahrheitsgrad, Relevanz und Hinlänglichkeit abgewogen. Der Empfänger muss dabei sein „Sachohr" fragen, ob die Aussage wahr oder unwahr ist, ob sie für das Gespräch relevant ist und ob alle Fakten und Daten berücksichtigt wurden. Die Kommunikation

---

[5]Unterschwellige Botschaften sind nicht bewusst wahrgenommene Nachrichten, die in den meisten Fällen den Empfänger beeinflussen sollen (vgl. Zimbardo und Gerrig, 2004, S. 39).

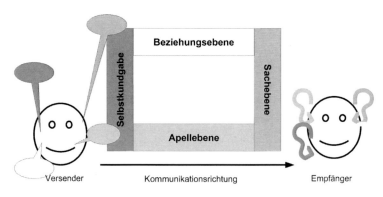

Abbildung 2.3: Das Kommunikationsquadrat von Schulz von Thun
(vgl. von Thun, 2004)

ist auf dieser Ebene sachlich und objektiv. Grundsätzlich will der Sender in einer Konversation den Rezipienten nicht nur informieren, sondern, nach Schulz von Thun, ihn zu einer Handlung oder Einstellung motivieren. Auf der Appellebene geht es um Wünsche, Appelle, Ratschläge, Konsequenzen oder Handlungsanweisungen. Der Empfänger will der ausgesprochenen Aufforderung folgen und stellt sich die Frage, was er jetzt denken, fühlen oder tun muss (vgl. von Thun, 2004).

Die zwei weiteren Ebenen beziehen sich auf die unterschwellige Kommunikation, Botschaften, die nicht in der Konversation ausgesprochen werden, sondern im Verhalten mitschwingen. Die Beziehungsebene verrät, wie die Personen zueinander stehen und was sie voneinander halten. Die Formulierung der Aussage gibt Aufschluss über die Beziehung der Kommunikationspartner. Das „Empfängerohr" ist auf dieser Ebene besonders sensibel und empfindlich, denn es muss herausfinden, ob der Partner es gut oder böse mit ihm meint. „Was hält er von mir?" oder „Wie behandelt er mich?" sind Gedanken, die dabei entstehen. Jede Botschaft enthält auch eine unterschwellige Selbstkundgabe. Der Sender gibt mit jeder Aussage automatisch und unbewusst Informationen über seine Persönlichkeit preis. Private Einstellungen, Auffassungen, Meinungen, Werte und Gefühle werden dabei kommuniziert. Das „Empfängerohr" macht sich Gedanken über den Sender und fragt sich, was er bevorzugt, was er ablehnt und wie seine momentane Stimmung ist.

Unterschwellige Äußerungen gelingen auch durch das „Nicht-Kommunizieren". Wird während einer Konversation geschwiegen oder Nachrichten, schriftlich oder mündlich, nicht beantwortet, wird dennoch kommuniziert. Dieses Verhalten trifft die Kommunikationspartner auf der Beziehungsebene, da sie hier sehr sensibel und empfindlich reagieren. Unterlassene Botschaften können allgemein Respektlosigkeit, Arroganz, Feindseligkeit, Unhöflichkeit und Antipathie ausdrücken (vgl. Wirth, 2002, S. 50).

Ein Beispiel sind unbeantwortete E-Mail-Anfragen der Kunden. Die unterschwellige Botschaft lautet hier:

> *„Wir als Unternehmen interessieren uns nicht für ihre Anfrage. Sie ist für uns wertlos, wie Sie übrigens auch (...). Es ist uns auch gleichgültig, was Sie über unser Nicht-Handeln denken.(...)" (Wirth, 2002, S. 50f.)*

Die Konsequenzen sind verärgerte Kunden, Imageverlust und Kundenfluktuation. Ein Interessent wird sich nicht die Mühe machen, ein zweites Mal das Unternehmen anzuschreiben, sondern zur Konkurrenz wechseln. Unternehmen müssen die Zeit und die Mühe aufbringen, jede E-Mail-Nachricht zu lesen und zu bearbeiten, um ihre Kunden weiterhin zufrieden zu stellen und zu binden.

Unterschwellige Botschaften haben einen hohen Einfluss auf das Denken und Handeln des Menschen und dürfen daher nicht achtlos stattfinden (vgl. Wirth, 2002, S. 49).

2.2.3 Überzeugungskriterien nach Gladwell

In diesem Zusammenhang werden drei Merkmale aufgezeigt, die trotz ihres unscheinbaren Auftretens große Veränderungen bewirken können und zur Persuasion von Rezipienten beitragen. Diese sind

- Kenner, Vermittler, Verkäufer,
- Verankerungsfaktor und
- die Macht der Umstände (vgl. Gladwell, 2002).

Nicht jede Person hat das Potenzial, Menschen zu überzeugen. Gladwell (Gladwell, 2002) beschreibt Personengruppen, die als Überzeugungsträger dienen können (Kenner, Vermittler, Verkäufer). Sie sind Bestandteile des „Gesetzes der Wenigen" (Gladwell, 2002, S. 46). Der Erfolg, eine Idee, ein Produkt, eine Dienstleistung oder eine Meinung zu verbreiten, hängt von der sozialen Kompetenz dieser drei verschiedenen Charaktere ab. Durch ihre besonderen gesellschaftlichen Fähigkeiten gelingt es ihnen, vergleichsweise besser Menschen zu beeinflussen und zu überzeugen.

Kenner Der Kenner ist wie eine „Datenbank" (Gladwell, 2002, S. 85). Durch sein hohes Interesse an allem sammelt er aktiv Informationen und besitzt dadurch viel Wissen. Das entscheidende am Kenner ist, dass er sein Wissen *gerne* ohne Gegenleistung weitergibt. Ein Kenner will seinem Gegenüber bei seiner Entscheidung helfen, den besten Handel zu machen. Dabei erweist sich helfen als eine wirkungsvolle Methode, Aufmerksamkeit zu erregen, ohne es darauf anzulegen. Er überredet nicht, sondern ist sozial motiviert (vgl. Gladwell, 2002, S. 77ff.).

> *„Ein Kenner ist eine Person, die über sehr viel Information über verschiedene Produkte, Preise und Läden verfügt. Diese Person liebt es, Diskussionen mit anderen Konsumenten zu führen und auf Anfragen zu reagieren."*
> *(Gladwell, 2002, S. 76)*

Er liefert aber nicht nur Informationen, sondern bildet sich in den Gesprächen mit seinen Mitmenschen weiter. Er ist nicht nur Lehrer sondern auch Lernender. Er hilft nur durch beiläufiges Erwähnen, was die Stärken und Schwächen von beispielsweise einem Fernsehgerät, einem Auto oder einem Hotelzimmer sind und wo man das beste Geräte oder Zimmer zum günstigsten Preis und zu den besten Konditionen erhält. Kenner wollen die Probleme der anderen lösen und lösen dadurch ihre. Es ist wie ein Zwang, Menschen durch Informationslieferung ausreichend zu beraten. Erst wenn er weiß, dass der von ihm geleistete Ratschlag beim nächsten Kauf oder Entscheidung berücksichtigt wird, tritt eine emotionale Befriedigung ein (vgl. Gladwell, 2002, S. 80ff.).

Vermittler Vermittler beherrschen es, Kontakt in viele verschiedene gesellschaftliche Kreise (vgl. Gladwell, 2002, S. 64) zu knüpfen und sind in der Lage, sich in diese mühelos zu integrieren. Sie besitzen ein großes Netzwerk an Bekannten und beherrschen die Kunst lockere Bekanntschaften zu pflegen. Bekannte stellen eine Quelle gesellschaftlicher Macht dar, und je mehr Bekannte er hat, desto mächtiger wird er (vgl. Gladwell, 2002, S. 68). Seine Motivation, viele verschiedene „Welten" zu überspannen, entsteht aus Neugier und den Wunsch nach Geselligkeit (vgl. Gladwell, 2002, S. 62). Vermittler besitzen den Impuls, viele Verbindungen, durch kleine Aufmerksamkeiten oder nette Gesten, wie zum Beispiel eine Grußkarte zu Weihnachten oder zum Geburtstag, zu pflegen (vgl. Gladwell, 2002, S. 59). Der Vermittler übernimmt die Verbreitung einer Nachricht, sobald er sie von einem Kenner bekommt. Er spricht Menschen aus verschiedenen Bereichen und Branchen an und bringt sie so unter Leute. Die angesprochenen Personen erfahren so voneinander und kommen durch diese Art Informationvermittlung zusammen. Ideen und Produkte, die einen Vermittler erreichen, haben mehr Chancen vom Empfänger wahrgenommen zu werden (vgl. Gladwell, 2002, S. 68f.). Jedoch ist überzeugen und beeinflussen nicht sein Ziel, er sieht seine Aufgabe im Verbreiten von Botschaften (vgl. Gladwell, 2002, S. 85).

Verkäufer Verkäufer besitzen die Fähigkeit, Menschen zu überzeugen. Das Gespräch ist der Kontext, indem sich Überzeugung abspielt. Um eine Vertrauensbeziehung zum Gesprächspartner herzustellen werden Körpersprache, Gestik, Mimik und der Gesprächsrythmus (Lautstärke, Sprachmelodie) aufeinander abgestimmt. Verkäufer wissen, dass Vertrauen Voraussetzung zur Persuasion ist. Nach Gladwell hängt die Gesprächsharmonie von dem „Super-Reflex" ab (Gladwell, 2002, S. 99). Das ist eine grundlegende physiologische Fähigkeit, den Gesprächspartner in den eigenen Rythmus zu ziehen und die Bedingungen der Interaktion zu dirigieren. Verkäufer haben mehr Kontrolle über diesen Reflex. Der Zuhörer verfällt ungewollt in eine Synchronisation mit dem Verkäufer (Gladwell, 2002, S. 98ff.). Neben körperlicher und akustischer Harmonie beeinflusst auch „motorische Mimikry"[6]. Über die Imitation und das Mitgefühl hinaus ist „motorische Mimikry" ein Kommunikationsinstrument, das eine Übertragung des Gefühls auf den Empfänger möglich macht. Die Fähigkeit, positive Ausstrahlung zu übertragen, nutzt der Verkäufer, um erfolgreich und ungehindert Überzeugungs- und Überredungsarbeit zu leisten (vgl. Gladwell, 2002, S. 100ff.).

Verankerungsfaktor Damit sich eine Botschaft wirklich etabliert muss sie einen besonderen, einprägsamen Faktor beinhalten. Gladwell nennt dies Verankerungsfaktor (Gladwell, 2002, S. 107). Es sind Elemente, die die Botschaft in den Köpfen der Empfänger unvergessen machen. Diese Elemente sind einfach, unauffällig und trivial (Gladwell, 2002, S. 112ff.). Als Beispiel zeigt das „Furcht-Experiment" deutlich die Einflussnahme des Verankerungsfaktors auf die Entscheidung. Studenten wurde eine Broschüre mit Information über die Gefahr von Tetanus ausgehändigt mit Empfehlung einer kostenlosen Impfung. Die Bröschüre fand hohen Anklang, aber niemand ließ sich impfen. Nach einer kleinen inhaltlichen Veränderung (Beifügen eines Lageplans des Gesundheitszentrum mit seinen Öffnungszeiten) stieg die Zahl der Impfungen (Gladwell, 2002, S. 118). Der beigefügte Plan repräsentiert den Verankerungsfaktor der Broschüre. Eine erfolgreiche Annahme von Produkten oder Ideen liegt in der Präsentation der Botschaft, unterstützt durch einen Verankerungsfaktor, dessen Erfolg leider nicht vorhersehbar ist.

„Es gibt eine Methode, Information so zu verpacken, dass sie unwiderstehlich ist. Man muss sie nur finden." (Gladwell, 2002, S. 154)

Macht der Umstände Die Taktik der Macht der Umstände beschreibt, dass Menschen den Umständen, in denen sie sich befinden, ausgeliefert sind und unbewusst von ihnen beeinflusst werden. Ihr Gemütszustand ist abhängig von der Umgebung, in der

---

[6] „Motorische Mimikry" ist Kommunikation mit seinem Gegenüber, durch Nachahmung des emotionalen Zustands (Empathie, Mitgefühl, Zuneigung, Einfühlungsvermögen) (vgl. Gladwell, 2002, S. 100).

sie sich befinden (vgl. Gladwell, 2002, S. 178). Ein Experiment aus den siebziger Jahren stellt die starke Beeinflussung der Umstände auf das Verhalten der Probanden dar. Eine künstlich geschaffene Gefängnissituation bewirkte, dass sich friedliche Menschen mentale Grausamkeiten zufügten. Probanden wurden in zwei Gruppen aufgeteilt, eine Gruppe übernahm die Rolle der Gefängniswärter und die andere Hälfte die Aufgabe der Häftlinge. Die Gefängniswärter riefen die Häftlinge hart zur Ordnung, während diese in eine psychische Notlage gerieten. Die äußeren Umstände hatten die Kontrolle über Einstellung und Handlung der Mitwirkenden übernommen (vgl. Gladwell, 2002, S. 178ff.). Die Untersuchung beschreibt, dass weniger die Überzeugung und die Einstellung für das Verhalten ausschlaggebend sind, sondern eher der unmittelbare Kontext, indem die Personen sich befinden. Viele Unternehmen nutzten die Macht der Umstände zur Fussball-Weltmeisterschaft 2006. Sie instrumentalisierten die große Euphorie der Fans für den Verkauf ihrer Produkte (Textilien, Nahrungsmittel, Fanartikel) und Dienstleistungen (Bahnreisen, Flugreisen, Gastronomie).

2.3 Auswirkungen von Persuasion

Die Folgen der psychologischen Persuasion sind in erster Linie Einstellungsänderung und Verhaltensmodifikation. Im folgenden Kapitel werden die Begriffe Einstellung und Verhalten erklärt und in Verbindung mit der Überzeugungsarbeit gebracht.

2.3.1 Einstellung

Einstellungen sind der Ausgangspunkt für Entscheidungen, die eine darauffolgende Handlung bestimmt. Sie sind ein Grundbaustein für die Bildung der subjektiven Wahrnehmung[7] und wichtig für das Verhalten einer Person (vgl. Zimbardo und Gerrig, 2004, S. 774):

> *„Einstellung ist die gelernte, relativ stabile Tendenz, auf Menschen, Konzepte und Ereignisse wertend zu reagieren (Zimbardo und Gerrig, 2004, S. 774).*

Wie aus Tabelle 2.3 auf der nächsten Seite ersichtlich, bestehen Einstellungen aus drei Komponenten, die dem Menschen helfen, sich seiner Umwelt anzupassen. Der Anstoß

---

[7]Eine allgemeine Definition der subjektiven Wahrnehmung nach Watzlawik: *„(...), daß es vielmehr zahllose Wirklichkeitsauffassungen gibt, die sehr widersprüchlich sein können, die alle das Ergebnis von Kommunikation und nicht der Widerschein ewiger, objektiver Wahrheiten sind." (Watzlawick, 2005, S. 7)*

zu einer Einstellungsbildung ist immer der Einstellungsgegenstand, welcher eine Person, eine Gruppe, ein konkretes Objekt, ein abstrakter Begriff oder eine Verhaltensweise sein kann (vgl. o.V., 2007i).

Komponenten der Einstellung	
Kognitive Komponente	Sie umfasst das persönliche Wissen (Meinungen, Informationen, Argumente) über das Objekt, sowie Aspekte der Wahrnehmung, der Klassifikation und Stereotypisierung. Sie entsteht durch die Aufnahme und Verarbeitung von Informationen, die bewusst im Gedächtnis gespeichert werden.
Affektive Komponente	Sie bezieht sich auf die emotionale Einstellung (Gefühle) gegenüber dem Einstellungsobjekt. Sie entsteht eher unbewusst und kann objektiv nicht begründet werden. Affektive Einstellungen sind häufig das Ergebnis von Konditionierungen.
Behaviorale Komponente	Sie bezieht sich auf das subjektive Verhalten gegenüber dem Einstellungsgegenstand. Sie ist das Ergebnis persönlicher Erfahrung, welches sich aus einmaligen Erlebnissen oder durch wiederholte positive oder negative Kontakte mit dem Objekt ergibt.

Tabelle 2.3: Komponenten der Einstellung
(vgl. Rosenberg und Hovland, 1960)

Abbildung 2.3 stellt die Abhängigkeiten zwischen der Einsellung einer Person, dem Einstellunsobjekt und den daraus resultierenden Reaktionsarten klar dar.

Außer durch finanziellen Anreizen oder juristische Sanktionen geschieht Einstellungsänderung hauptsächlich durch kommunikative Persuasion. Diese wirkt sich unterschiedlich auf die drei Subsysteme der Einstellung aus.

Eine kognitive Einstellungsänderung stellt sich dann ein, wenn die Aufnahme und Verarbeitung von Informationen erfolgt (vgl. o.V., 2007f). Die Beeinflussung findet bei Kognition über rationelle schlüssige Argumente statt. Aufgrunddessen ist eine Bewertung des Einstellungsobjekts zügig herbeizuführen, um so die Zielperson schneller zu überzeugen.

Wird die positive oder negative Bewertung der Argumente miteinbezogen, so wird die Wechselwirkung mit dem affektiven Subsystem sichtbar (vgl. o.V., 2007e). Durch Mit-

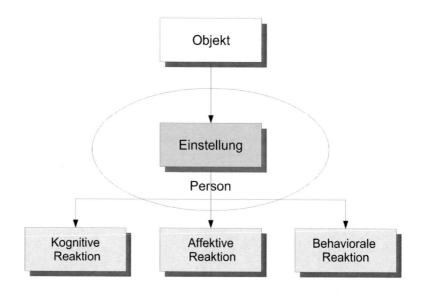

Abbildung 2.4: Das Dreikomponentenmodell der Einstellung nach Rosenberg und Hovland
(vgl. o.V., 2007e) zitiert nach (Rosenberg und Hovland, 1960)

teilungen, die auf negative Konsequenzen hinweisen (Tod durch Rauchen, Alkoholkonsum oder Gebrauch anderer Drogen) sollen die Betroffenen ihre Verhaltensweisen aufgeben. Diese klassische Konditionierung[8] verknüpft die affektive Komponente mit einem kognitiven Inhalt und einem gewissen Handlungsspektrum. Wenn die Einstellung eine affektive Basis hat, wird ihr auf emotionaler Ebene begegnet, um Veränderungen zu bewirken (vgl. o.V., 2007e).

Aufbauend auf den kognitiv-affektiven Ansatz (KAA) ist zu beachten, dass die auszuführende Handlung (behaviorale Komponente) durch verschiedene externe Einflüsse so verändert werden kann, dass sie nicht mehr der gewünschten Handlung entspricht. Eine Abweichung vom Handlungsoptimum ist dadurch gekennzeichnet, dass eine Handlung nur ausgeführt wird, weil eine situative Notwendigkeit vorherrscht. Ist der externe

---

[8]Die klassische Konditionierung verknüpft Objekt mit Emotionen durch Belohnung oder Bestrafung des Verhaltens (vgl. Zimbardo und Gerrig, 2004, S. 257).

Einfluss mit einer positiv bewerteten Referenz verbunden, beginnt die Veränderung der Einstellung in Richtung dieser Referenz. So kann es passieren, dass Menschen eine Einstellung annehmen, die sie nicht annehmen wollten, aber die äußeren Umstände sie dazu veranlassen sie zu akzeptieren (vgl. o.V., 2007e). Solche Aktionen existieren nur, weil Verhaltensweisen nicht allein nach dem KAA gewählt werden, sondern die behaviorale Komponente miteinbezogen wird (vgl. Gschwendner-Lukas, 2004).

2.3.2 Verhalten

Verhalten besteht aus einer Abfolge von Verhaltenselementen, die in einer Situation aus einer Auswahl von Verhaltensvarianten ausgewählt und ausgeführt werden. Diese beobachtbaren Verhaltensvarianten entstehen durch das Bewerten der Situation und das Lernen aus Erfahrungen. Auf dieser Grundlage trifft der Mensch seine Verhaltensentscheidung (vgl. Kretzberg, 2000).

Es exisitieren verschiedene Faktoren, die das Verhalten eines Menschen steuern. Zum einen ist die Einstellung (Gefühle, wie Zuneigung oder Abneigung) Ausgangspunkt für ein bestimmtes Verhalten. Es wird aber auch durch persönliche Erlebnisse und Erfahrungen (Lernen) und durch reifebedingte Bereitschaft, sowie durch das Verhalten anderer Personen begünstigt (vgl. Schulz-Amling, 2001). Die Theorie des überlegten Handelns nach Ajzen und Fishbein beweist, dass Einstellungen alleine das Verhalten nicht beeinflussen können, wenn situationsabhängige Zwänge oder soziale Normen vorliegen. Abbildung 2.5 auf der nächsten Seite stellt diesen Sachverhalt grafisch dar.

Im Modell sind die zwei voneinander unabhängigen Komponenten „Einstellung zum Verhalten" und „subjektive Norm" die Faktoren, die das Verhalten des Menschen am stärksten beeinflussen (vgl. Schulz-Amling, 2001). Die Einstellungskomponente bewertet die Verhaltensintention nach positiven oder negativen Konsequenzen. Ist die Einstellung positiv, weist aller Voraussicht nach das darauffolgende Verhalten ebenfalls einen positiven Effekt auf (vgl. Schulz-Amling, 2001). Die subjektive Normkomponente bezieht die individuelle Wahrnehmung der

- sozialen Umgebung und der
- Vorschriften

mit ein. Diese zwei Faktoren können das Verhalten des Menschen vollkommen bestimmen. Beispielsweise lässt sich mittels ausgeübten Drucks durch Personen („gruop pressure") der Mensch manipulieren (vgl. Schulz-Amling, 2001). Das Verhalten wird ausgeführt, wenn die Person nicht nur von dem Verhalten überzeugt ist, sondern glaubt,

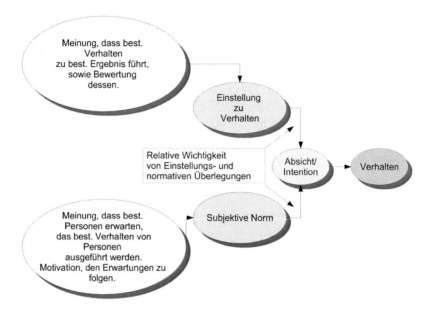

Abbildung 2.5: Die Theorie des überlegten Handelns nach Ajzen und Fishbein (vgl. Schulz-Amling, 2001) zitiert nach (Aizen und Fishbein, 1975)

dass für sie wichtige Bezugspersonen das Verhalten ebenfalls positiv bewerten würden. Der Mensch kann sich nach der sozialen Umgebung und den Vorschriften konform verhalten oder dem wahrgenommenen Druck widerstehen. Um der subjektiven Norm nur eine geringfügige Bedeutung für eine Verhaltenstendenz zu geben, muss der Mensch die Stärke des eigenen Willens aufweisen und Motivation zum Widerstand aufbringen (vgl. Schulz-Amling, 2001).

Die Einstellungskomponente sowie die Komponente der subjektiven Norm beeinflussen abhängig von der Situation unterschiedlich stark die Absicht oder Intention zu einem bestimmten Verhalten. Kurzfristig eintretende und einschlägige Ereignisse sowie mögliche negative Aspekte können kurz vor der Handlung bewusster wahrgenommen werden und somit zu einer Intentionsänderung führen. Das ist der Grund, weshalb die Intention oder Absicht immer zeitlich nahe am Verhalten liegt. Sie ist die eigentliche Größe, die das Verhalten bestimmt.

Im Kern drückt die Theorie aus, dass das Verhalten des Menschen dann von seinen Einstellungen abweichen kann, wenn er diesen nicht stark genug vertraut. Folglich wird er eher auf äußere Faktoren achten und diese zur Entscheidung miteinbeziehen.

3 Persuasion im Internet

Strategien, die den Menschen überzeugen sollen, finden auch in Computertechnologien Anwendung. Auf Basis der Forschungsergbenisse und Erkenntnisse von Fogg (Fogg, 2003), wird zunächst der Begriff „Persuasive Technologie" erklärt und auf das Glaubwürdigkeitskonzept eingegangen. Abschließend werden die ethischen Konsequenzen im Zusammenhang mit Persausion im Internet aufgezeigt.

3.1 Persuasive Technologie

Fogg hat in seinen Studien gezielt die Aufmerksamkeit auf die Beeinflussung des Menschen durch Computer gerichtet. Im Folgenden wird die neue Disziplin Foggs, genannt „Captology", vorgestellt, sowie die drei Rollen des Computers, die dieser in der Human-Computer-Interaction (HCI) einnehmen kann.

3.1.1 Captology

Nach Fogg liegt die Zukunft in der digitalen Technologie, in Onlineumgebungen und interaktiven Computerprodukten, wenn es um Motivation und Überzeugung von Menschen durch Computer geht. Diese Beeinflussung der Benutzer nennt er „Captology", ein Begriff der vom Ausdruck „computer as persuasive technologies" abgeleitet wird (Fogg, 2003, S. 5).

Captology beschreibt den Zusammenhang zwischen Computertechnologie und Persuasion. Daraus ergibt sich das Entwerfen, Recherchieren und Analysieren interaktiver Computerprodukte, die zum Zweck der Veränderung von Absichten und Verhalten der Nutzer entwickelt wurden (Fogg, 2003, S. 1). Fogg unterscheidet fünf grundlegende Arten von Persuasion. Die Motivation, etwas zu tun, die Änderung einer Einstellung, die Änderung einer Weltanschauung, die Verhaltensänderung und zuletzt die Einwilligung (vgl. Fogg, 2003, S. 5). Abbildung 3.1 auf der nächsten Seite stellt grafisch den Begriff „Captology" dar.

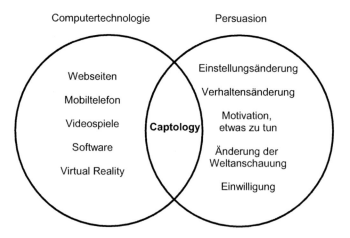

Abbildung 3.1: Captology
(vgl. Fogg, 2003, S. 5)

3.1.2 Triade der persuasiven Technologie

In seinen Studien unterscheidet Fogg drei Arten persuasiver Wirkung auf den Menschen mittels Computertechnologie. Abhängig von der Art funktioniert die angewandte Überzeugungsstrategie jeweils anders. Der Computer beeinflusst in Form eines Werkzeugs, eines Mediums oder eines sozialen Akteurs. Diese Triade zeigt, wie Computer als persuasive Technologie drei Rollen annehmen können (Fogg, 2003). Die Grafik 3.2 auf der nächsten Seite legt die Zusammenhänge der drei Arten dar.

Der Computer als Werkzeug erhöht die Leistungsfähigkeit des Users. Durch die technische Hilfe ist er in der Lage Aufgaben schneller und effizienter zu lösen, um seine Ziele und Vorgaben eher zu erreichen.

> „A persuasive Technology tool is an interactive product designed to change attitudes or behavior or both by making desired outcomes easier to achieve." (Fogg, 2003, S. 32)

Beispielsweise übernehmen Taschenrechner das Lösen komplexer Rechenaufgaben. Die Eigenschaften und das Vermögen des Computers unterstützen nicht nur den Anwender bei seinen Arbeiten, sondern erweitern ihn mit neuen Fähigkeiten. Die Erweiterung der Fähigkeiten ist dem Nutzer bewusst und dadurch wird er zu neuen Verhaltensweisen, Einstellungen und Ideen animiert und motiviert. Sieben Überzeugungswerkzeuge

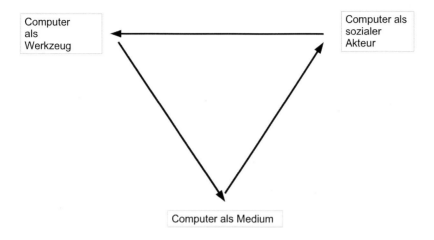

Abbildung 3.2: Triade der persuasiven Technologie
(vgl. Fogg, 2003, S. 25)

können dabei helfen, das erwünschte Ziel einfacher zu erreichen. Tabelle 3.1 auf der nächsten Seite zeigt die sieben Arten persuasiver Technologiewerkzeuge auf.

Der Computer kann auch als Medium betrachtet werden. Dem Nutzer wird dadurch ermöglicht, die Beziehung zwischen Ursache und Wirkung zu erforschen. Computertechnologien dieses Gebietes bieten dem Menschen nachempfundene Erfahrungen an, die ihm helfen, sein Verhalten zu erproben. Die Computer als Medium beeinflussen den Benutzer in Form von Simulationen. Die Technolgien, wie

- Cause-and-Effect-Scenarios,
- Virtual Environment und
- Objektsimulationen

gehören beispielsweise dazu (vgl. Fogg, 2003). Mit der Technologie des Cause-and-Effect-Scenarios wird die Verbindung zwischen Ursache und Wirkung unverzüglich und klar simuliert. Der Proband sieht sich in Situationen, in die er sich im realen Leben nicht begeben würde. Er hat die Möglichkeit, seine Forschungen und Erfahrungen in einer sicheren und ungefährlichen Umgebung zu machen. Seine Beobachtungen formen sein Verhalten und seine Einstellung neu (vgl. Fogg, 2003, S. 64).

Sieben Arten persuasiver Werkzeuge	
Reduction	Reduktion komplexer Sachverhalte auf wenige einfache Schritte.
Tunneling	Benutzer wird durch einen vorgegebenen automatischen Prozess geführt. Er besitzt wenig Möglichkeit zur Interaktion.
Tailoring	Aus einem Informationsangebot schneiden Benutzer sich ihre persönlich relevanten Nachrichten heraus.
Suggestion	Aktionen, die verlockend erscheinen und rechtzeitig genug eintreten, beeinflussen den Benutzer verstärkt.
Self-monitoring	Benutzer beobachten sich selbst (ihre Einstellung und Handlung), um das vorher festgelegte Ziel oder Ergebnis zu erreichen.
Surveillance	Benutzer werden beobachtet und überwacht, um dann spezielle Vorkehrungen zu treffen, die die Handlung des Beobachtenden verändern soll.
Conditioning	Durch positives Feedback wird das Verhalten der Benutzer konditioniert. Handlungen werden zur Gewohnheit und werden motivierter durchgeführt.

Tabelle 3.1: Sieben Arten persuasiver Werkzeuge
(vgl. Fogg, 2003, S. 33ff.)

Ein Virtual Environment simuliert dem Benutzer eine Umwelt, in der es ihm erlaubt ist, Probedurchläufe einer Situation zu durchleben. Virtual Reality Systeme bewirken, dass der Mensch sein Denken und Handeln in der Realität ändert. Gerade im Bereich der Therapie von Phobien, wie zum Beispiel bei Arachnophobie oder Höhenangst, wird die Technik eingesetzt (vgl. Fogg, 2003, S. 75). Die „6-Seiten-Cave", ein dreidimensionaler Visualisierungsraum des Fraunhofer Instituts, ist eine neue Entwicklung auf dem Gebiet der Virtual Environments. Auch hier taucht der Mensch in eine nicht reale Welt ein, um beispielsweise Automobile oder Räume zu analysieren und zu verbessern (vgl. Cusin, 2003). Abbildung 3.3 illustriert einen solchen Sechs-Seiten-Visualisierungsraum.

Abbildung 3.3: 6-Seiten-Cave
(o.V., 2004)

Objektsimulationen sind das Gegenteil virtueller Realität, da sie Gegenstände der realen Welt imitieren. Meistens werden sie in den Alltag des Probanden eingebaut, um zu sehen, wie er mit der daraus neu entstehenden Situation zurecht kommt. Objektsimulationen führen dem Probanden klar vor Augen, welche Auswirkungen diese Veränderungen haben können (vgl. Fogg, 2003, S. 77). Als Beispiel beschreibt Fogg eine Babypuppe, die Jugendliche dazu veranlassen soll, genau über die Zeugung eines Kindes nachzudenken.

Die fragwürdigste, aber auch beeindruckendste Beeinflussung durch Computertechnologie ist die Simulation sozialer Züge durch den Computer. Als soziales Gegenüber scheint der Computer mit dem Nutzer zu kommunizieren, um eine soziale Beziehung aufzubauen. Er setzt dabei fünf Reize ein, die die Persuasion auf den Nutzer verstärkt (Tabelle 3.2) (vgl Fogg, 2003, S. 91).

Arten sozialer Reize	
physisch	Simulation von Gesicht, Augen, Körper, Bewegung
psychisch	Vorlieben, Persönlichkeit, Humor, Gefühle, Mitgefühl
sprachlich	Sprachimitation, Spracherkennung
soziales Verhalten	kooperativ, reziprok, autoritär
soziale Rollen	Arzt, Gegner, Lehrer, Angestellte

Tabelle 3.2: Arten der sozialen Reize
(vgl. Fogg, 2003, S. 91)

Bei simulierten sozialen Zügen reagieren Benutzer wesentlich emotionaler und sind empfänglicher für die gesendete Botschaft. Gerade durch Avatare[1] fühlen sich Menschen emotional angesprochen. Sie kommunizieren mit dem Benutzer, beeinflussen ihn in seiner Entscheidung und bauen eine strake Relation zu ihm auf. Avatare werden überwiegend auf Websites als Wegweiser oder in Video- oder Lernspielen eingesetzt.

Persuasive Technologien sind selten nur Werkzeug, Medium oder sozialer Akteur. Meistens vereinen sie die Elemente aus den drei Typen.

3.2 Glaubwürdigkeitskonzept nach Fogg

Das Glaubwürdigkeitskonzept nach Fogg setzt sich mit der Glaubwürdigkeit von Botschaften auseinander. Im Mittelpunkt der Überlegung steht nicht allein das Konstrukt des Vertrauens. Auch die Frage, von welchen Faktoren die Zuschreibung von Glaubwürdigkeit (credibility) gegenüber einer Person oder einem Gegenstand abhängt, ist

---

[1] Ein Avatar ist eine künstliche Person oder ein grafischer Stellvertreter einer echten Person in der virtuellen Welt (vgl. o.V., 2007b).

relevant (vgl. Fogg, 2003). Im Allgemeinen ist eine Botschaft glaubwürdig, wenn der Inhalt und der Versender einer Botschaft gleichermaßen die Eigenschaften Seriosität, Wahrheit, Richtigkeit und Zuverlässigkeit aufweisen (sieh Abschnitt 2.1).

3.2.1 Glaubwürdigkeit

Glaubwürdigkeit bildet die Grundlage für die Entwicklung von Beziehungen zwischen Empfänger und Kommunikator. Wahrnehmung der Glaubwürdigkeit einer Information beeinflusst sowohl die Bewertung, als auch Einstellung und Verhaltensintention des Empfängers. Wobei eine hohe Glaubwürdigkeit zu größeren Veränderungen führt (vgl. Fogg, 2003, S. 121). Eine allgemeine Definition über Glaubwürdigkeit hat Schubert verfasst (Schubert, 2005).

> *„Glaubwürdigkeit kann als prinzipielle Bereitschaft verstanden werden, Botschaften eines bestimmten Objektes als zutreffend zu akzeptieren und bis zu einem gewissen Grad in das eigene Meinungs- und Einstellungsspektrum zu übernehmen. Dabei kann die Bereitschaft auf konkreten Evaluationsprozessen oder auf Images beruhen, die sich beim Subjekt herausgebildet haben, von ihm jedoch als Objekteigenschaften wahrgenommen werden. Die Botschaften können konkret inhaltlich oder abstrakt generalisiert sein."* (Schubert, 2005, S. 1)

Bei Glaubwürdigkeit entscheidet der Rezipient, wie und welche Informationen aufgenommen werden und ob sie akzeptiert, abgelehnt oder ignoriert werden. Sie ist eine subjektive Beurteilung der Dinge, Personen oder Informationen. Nicht die Wahrheit einer Mitteilung ist bestimmend für die Glaubwürdigkeit, sondern die subjektive Wahrnehmung der Botschaft durch den Rezipienten. Er schätzt den Wahrheitsgehalt einer übermittelten Aussage ein. Glaubwürdigkeit umfasst sowohl die zugeschriebene *Fähigkeit* als auch die zugeschriebene *Absicht* zur korrekten Information. Beide Charakteristika müssen vorliegen, damit Glaubwürdigkeit einer Botschaft, einer Quelle der Botschaft oder einem Kommunikant zugeschrieben werden kann. Fogg erwähnt zwei Dimensionen, die im direkten Zusammenhang mit Glaubwürdigkeit stehen, nämlich Vertrauenswürdigkeit (trustworthiness) und Kompetenz (expertise) (vgl. Fogg, 2003, S. 122ff.). Abbildung 3.4 auf der nächsten Seite stellt die Zusammenhänge zwischen Vertrauenswürdigkeit, Kompetenz und Glaubwürdigkeit dar.

Vertrauenswürdigkeit wird einer Person zugeschrieben, wenn sie ihr Gegenüber als fair, ehrlich und moralisch korrekt einschätzt (vgl. Fogg, 2003, S. 123). Rückschlüsse auf die Vertrauenswürdigkeit sind im Verhalten und in der Einstellung des Menschen zu finden (siehe auch 2.3.1 und 2.3.2). Die Kompetenz umfasst das Wissen, die Fertigkeiten und

- Unbefangenheit,
- Ehrlichkeit, Wohlwollen,
- Gerechtigkeit, Aufrichtigkeit,
- Anständigkeit

- Erfahrung, Intelligenz,
- Klugheit, Weisheit
- Hinweise auf die Qualifikation
  (Beruf, Titel...)
- Alter/Leistung

Abbildung 3.4: Die zwei Dimensionen der Glaubwürdigkeit
(vgl. Fogg, 2003, S. 123)

die Erfahrungen einer Person. Sie ist die subjektive Einschätzung der Fähigkeiten, die einer Person zugeschrieben wird. Die Kompetenz wird zurückgeführt auf die Erfahrung, die berufliche Qualifikation, die soziale Position, das Alter oder auf das Aussehen. Das glaubwürdigste Element zur Kompetenzbeurteilung ist ein Empfehlungsschreiben, ein Zertifikat oder eine Bewertung, die von einem Experten mit entsprechender Fachkenntnis ausgestellt ist (vgl. Fogg, 2003, S. 124).

Die Glaubwürdigkeit von Personen, von Botschaften oder von Quellen der Botschaften sind das Ergebnis eines Zuschreibungsprozesses von Seiten des Rezipienten. Dieser wertet die Vertrauenswürdigkeit und die Kompetenz aus. Ist nur ein Faktor nicht überzeugend genug, so entsteht keine Glaubwürdigkeit beim Rezipienten.

3.2.2 Vier Arten der Glaubwürdigkeit

Nach Fogg gibt es vier Arten von Glaubwürdigkeit, die sich im Grunde genommen mit verschiedenen Stadien der Einschätzung einer Sache oder Person assoziieren. Beim ersten Kontakt wird der Empfänger seine Glaubwürdigkeit anhand von Annahmen und Vermutungen festlegen (presumed credibility). Reputed credibility ist Glaubwürdgkeitszuschreibung, die sich im Zuge von Empfehlungen und Meinungen Dritter ergeben. Ist der Rezipient von der Glaubwürdigkeit noch nicht überzeugt, helfen ihm die äußeren Merkmale[2] weiter (surface credibility). Um einer Sache oder Person wirklich glauben

---
[2]Äußere Merkmale sind hier das optische Erscheinungsbild einer Person oder einer Quelle.

zu schenken, kann der Empfänger sich auf seine Erfahrungen, das letzte Stadium zur Einschätzung der Glaubwürdigkeit, berufen (earned credibility) (vgl. Fogg, 2003, S. 131). Tabelle 3.3 beschreibt die vier Arten der Glaubwürdigkeit.

Die vier Arten der Glaubwürdigkeit	
Angenommene Glaubwürdigkeit (presumed credibility)	Die Zuschreibung von Glaubwürdigkeit basiert auf allgemeine Annahmen (Voreinstellungen) des Rezipienten sowie auf Stereotypen.
Glaubwürdigkeit aufgrund der Reputation (reputed credibility)	Die Zuschreibung von Glaubwürdigkeit beruht auf der Reputation des Kommunikants (Empfehlungen oder Erfahrungen Dritter mit der Quelle oder dem Kommunikant).
Oberflächliche Glaubwürdigkeit (surface credibility)	Die Zuschreibung von Glaubwürdigkeit beruht auf dem ersten Einruck, den eine Quelle oder ein Kommunikant vermittelt.
Erfahrene bzw. erworbene Glaubwürdigkeit (earned credibility)	Die Zuschreibung von Glaubwürdigkeit beruht auf eigene Erfahrung über einen längeren Zeitraum.

Tabelle 3.3: Die vier Arten der Glaubwürdigkeit nach Fogg
(vgl. Fogg, 2003, S. 175)

Diese vier Arten werden nicht isoliert betrachtet, es besteht die Möglichkeit, sie überlappt anzutreffen. So unterstützt die oberflächliche Glaubwürdigkeit die beim ersten Kontakt angenommene Glaubwürdigkeit durch Betrachtung der Person oder Sache.

3.2.3 Gestaltungsimplikationen

„Web-credibility" ist ein Teilaspekt von Captology und die zentrale Voraussetzung für die Persuasion durch eine Technologie. Fogg stellte eine Liste von Parametern auf, die die Glaubwürdigkeit einer Website beeinflussen. Folgende Faktoren erhöhen dabei die Vertrauenswürdigkeit. Das Erwähnen der Adresse, der Telefonnummer für etwaige Rückfragen und die E-Mail-Adresse eines Ansprechpartners (vgl. Fogg, 2003, S. 157). Weisen die Artikel der Seite Quellenangaben oder Zitate auf und werden Links zu weiterführender Literatur angeboten, stärkt dies die Vertrauenswürdigkeit ebenfalls beim Leser. Als unglaubwürdig erweisen sich Links, die auf eine unglaubwürdige Website verweisen. Pop-up-Fenster mit Werbung, unübersichtliche Websitestruktur und eine Uniform Resource Locator (URL), die den Namen des Unternehmens nicht beinhaltet, sind weitere Faktoren, die Glaubwürdigkeit senken (vgl. Fogg, 2003, S. 158).

Im Hinblick auf die Kompetenz erhöhen folgende Merkmale die Glaubwürdigkeit: Schnelle Bearbeitung und Beantwortung der Kundenfragen, Bestätigungs-E-Mails bei jeder Transaktion, Empfehlungsschreiben für jeden Artikel, Vorhandensein eines Archivs, stets aktuelle Inhalte und ein professionelles Design der Website (vgl. Fogg, 2003, S. 160). Kriterien, die Glaubwürdigkeit mindern, sind Links, die ins Leere führen, Programmier- und Rechtschreibfehler, veraltete Inhalte und ein unerwartetes Nichterreichen der Seite (vgl. Fogg, 2003, S. 162). Die Ergebnisse der Studie sind in Tabelle 3.4 auf der nächsten Seite aufgelistet. Sie enthält die Ergebnisse, die Glaubwürdigkeit erhöhen.

Fogg bezieht sich in seinen Studien rein auf Websites, jedoch können die aufgezeigten Kriterien für einen Newsletter teilweise oder auch vollständig relevant sein.

3.3 Ethische Konsequenz

Der Begriff Ethik ist vom griechischen Ausdruck „ethos" abgeleitet und bedeutet Lebensgewohnheiten und Lebensweise. Ethik bezeichnet die Gesamtheit der tatsächlich anerkannten und tagtäglich praktizierten, also *gelebten* Grundsätze eines sozialen Systems, wie etwa Riten, Sitten, Bräuche, Normen, Wertvorstellungen und Prinzipien (vgl. o.V., 2007g).

Die Lehre der Ethik spricht Werte (Vernunft, Freiheit, Würde) und Tugenden (Gerechtigkeit, Fürsorge, Brüderlichkeit) an (vgl. o.V., 2007g). Auch die persönlichen Werte und Wünsche eines jeden Menschen werden miteinbezogen.

Gerade beim Thema Computertechnologie mit Überzeugungsfähigkeit muss die ethische Seite beleuchtet werden. Anbieter persuasiver Technologien müssen sicher stellen, dass ein Nutzer immer selbständig beurteilen kann, ob die dargestellten Aspekte wahr oder falsch sind. Sie übernehmen die Verantwortung, falls die Persuasion ganz von der Technologie bestimmt wird. Ethisch unbedenklich ist der Einsatz überzeugungsfähiger Technologien, wenn die Initiative vom Anwender ausgeht. Er ist sich über Wirkung und

„Web-credibility"	
Angenommene Glaubwürdigkeit (presumed credibility)	Seite repräsentiert eine gemeinnützige Gesellschaft, URL endet mit .org, Seite führt Links zur Konkurrenz auf
Glaubwürdigkeit aufgrund der Reputation (reputed credibility)	Seite erhielt eine Auszeichnung, andere Seiten verlinken zu dieser Website, Empfehlungen von Freunden und Bekannten
Oberflächliche Glaubwürdigkeit (surface credibility)	Gut strukturierter Inhalt, professionelles Design, Seite wird regelmäßig aktualisiert
Erfahrene bzw. erworbene Glaubwürdigkeit (earned credibility)	Beantwortung der Kundenfragen, Bestätigungs-E-Mail bei jeder Transaktion, persönliche Anrede der Besucher, individualisierte Inhalte, Werbeanzeigen passen zum Thema

Tabelle 3.4: „Web-credibilty"
(vgl. Fogg, 2003, S. 164ff.)

Nutzen der Beeinflussung bewusst und will gezielt überzeugt werden. Durch Virtual Environments bekommen gerade Phobie-Patienten Willensstärke, ihre Einstellung und ihr Handeln selbst zu ändern.

Unethisch sind hingegen persuasive Situationen, die vom Benutzer nicht gewollt und nicht bewusst wahrgenommen werden. Als bekanntestes Beispiel sind Phishing-Mails zu erwähnen, die sich zum Beispiel durch das Vortäuschen eines Bankinstituts die Kontodaten des Opfers erfragen. Fogg betont, dass es ihm Auge des Betrachters liegt, welche überzeugungsfähige Handlung durch Computer ethisch vertretbar oder unethisch ist (vgl. Fogg, 2003, S. 213). Die Tabelle 3.3 auf der nächsten Seite gibt eine Übersicht über die Entscheigungswege der Persuasion und ihre möglichen Konsequenzen.

In der Human-Computer Interaction (HCI) ist überzeugungsfähige Technologie ein junges Gebiet und eine Abgrenzung zwischen ethisch vertretbarer und ethisch bedenklicher Beeinflussung daher nicht klar definiert.

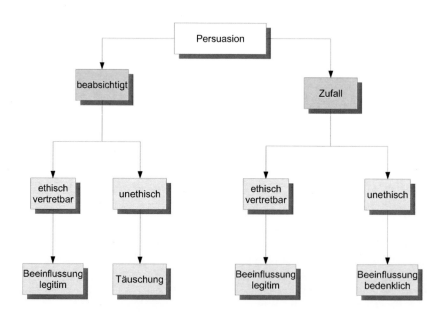

Abbildung 3.5: Wirkung der Ethik auf die Persuasion

4 Newsletter

Im folgenden Kapitel wird zunächst der Newsletter begrifflich eingeordnet. Anschließend werden die wichtigsten Untersuchungen und Ergebnisse über die Benutzerfreundlichkeit (Usability) des Newsletters aufgezeigt, auf die Ziele eingegangen, die Newslettergestaltung beschrieben und die Erfolgsfaktoren des Newsletters hervorgehoben. Der letzte Punkt dieses Kapitels geht auf das Problem der Spam-E-Mails ein.

4.1 Einordnung des Newsletters im Marketing

Der Newsletter ist ein tragendes Element in der Online-Kommunikation und wird vorwiegend im Business-to-Business[1]-Bereich (B2B) und im Business-to-Consumer[2]-Bereich (B2C) eingesetzt (vgl. Schwarz, 2007).

Direkt- und Dialogmarketing ist auch für den Newsletter die Voraussetzung für eine erfolgreiche Umsetzung einer langfristigen Kundenbeziehung und Kundenbindung. Es betrifft vorwiegend Post- und Fax-Mailings sowie Callcenter (vgl. Aschoff, 2005, S. 2). Direkt- und Dialogmarketing ist heute auch im Internet durch E-Mail-Versand möglich und wird daher Dialog- und Direktmarketing per E-Mail, also E-Mail-Marketing genannt (vgl. Aschoff, 2005, S. 2). Diese Technik versucht online eine Kommunikation und Interaktion zu potentiellen oder bestehenden Kunden aufzubauen. Hierfür werden E-Mails als Werbung für bestimmte Produkte oder Dienstleistungen versendet (vgl. Aschoff, 2005, S. 2). Die Bestandteile des E-Mail-Marketing sind: Informations-Newsletter, E-Katalog, E-Mailing, redaktionelle Newsletter und Standalone-E-Mails (siehe Abschnitt 4.4).

E-Mail-Marketing ist nur effektiv, wenn die Informationsversorgung vom Empfänger ausdrücklich gewünscht und erwartet wird und ihn nicht bei anderen Tätigkeiten unterbricht. Der Anbieter eines Newsletters muss also das Einverständnis des Empfängers

---

[1]Geschäftstätigkeit eines Unternehmens, das sich bevorzugt an Unternehmen wendet (vgl. Schwarz, 2005a, S. 193).
[2]Geschäftstätigkeit eines Unternehmens, das sich bevorzugt an private Endverbraucher wendet (vgl. Schwarz, 2005a, S. 193).

in schriftlicher Form einholen. An diesem Punkt wird von Permission Marketing gesprochen. Die Marketing-Botschaft hat die schriftliche Erlaubnis der Zielperson, sie mit Informationen und Werbung zu erreichen (vgl. Aschoff, 2005, S. 7). In Deutschland ist beim Versand von Newslettern das Einholen der Erlaubnis des potentiellen Lesers rechtliche Voraussetzung, wie die Auszüge aus den relevanten Gesetzestexten belegen (siehe Abschnitt 4.6.1.

Die Abbildung 4.1 gibt eine Übersicht über die verschiedenen Marketingdisziplinen, die in unmittelbarer Beziehung zum Newsletter stehen.

Abbildung 4.1: Die Einordnung des Newsletters im Marketing

Diese aufeinander aufbauenden Teildisziplinen des Marketings repräsentieren den Rahmen und stellen die Grundvoraussetzungen für einen erfolgreichen Newsletter.

4.2 Untersuchungen

Die Nielson Norman Group testete die Benutzerfreundlichkeit (Usability) des An- und Abmeldeverfahrens bei zehn Newslettern in der B2C-Kommunikation und die Verwaltung des Benutzerkontos. Wichtigste Erkenntnis des Usability-Tests war, dass Anwender auf Newsletter allgemein äußerst emotional reagieren. Newsletter bauen eine starke persönliche Bindung zum Leser auf, da sie im privaten Posteingang ankommen. Usability-Probleme wirken sich jedoch überdurchschnittlich negativ auf die Kundenbeziehung aus. Im Kontrast dazu zeigten sich die Anwender in den Website-Usability-Studien bei Problemen toleranter (vgl. Nielson, 2002).

Überwiegend war die Funktionalität der Anmeldung sehr einfach gestaltet. Probleme ergaben sich eher bei der Kombination der Newsletter-Anmeldung mit der Website-Anmeldung. Diese Kopplung ist vom Anbieter zu vermeiden, da es einer Täuschung des Kunden gleich kommt. Eine bessere Usability des Anmeldeprozesses gründet auch auf die Reduktion der Inhalte auf das Wesentliche (vgl. Nielson, 2002).

Nielson stellte auch die Gründe heraus, warum sich Mitglieder einer Verteilerliste nicht abmeldeten. An erster Stelle ist die emotionale Bindung zum Newsletter erwähnt worden. Die Leser lösten die Beziehung nicht gern auch wenn sie den Newsletter nicht mehr lesen. Als zweite Antwort wurde die niedrige Erwartung an die Usability der Website aufgezählt. An dritter Stelle erwähnten die Tester, dass die Abmeldung zu zeitraubend ist und dadurch zu viel Aufwand entsteht. Als letztes Argument wurde die Befürchtung aufgezeigt, die Abmeldung würde nicht funktionieren (vgl. Nielson, 2002).

Bei den geprüften Newslettern spielte die Dauer der An- und Abmeldung für Nielson eine Schlüsselrolle. Das Resultat der Studie war, dass Anmeldungen durchschnittlich fünf Minuten und Abmeldungen circa drei Minuten dauerten, was zu lang für diese einfachen Funktionen ist. Nielson empfiehlt als Usability-Ziel, die Dauer der Prozesse auf maximal eine Minute zu begrenzen. Es kam heraus, dass für jede Minute, welche die Anmeldung in Anspruch nahm, 0,3 Zufriedenheitspunkte auf einer Skala von eins bis sieben verloren gingen. Beim Abmelden waren es gleich 0,6 Punkte. Das Ergebnis war, dass Anwender auf eine langsame Abmeldung kritischer reagierten, als auf eine langsame Anmeldung. Test-Anwender untersuchten ebenfalls verschiedene E-Mail-Clients, wie AOL, Hotmail, Netscape Mail und Outlook. Jede Lösung zeigte die Betreffzeile, den Absender und den Inhalt des Newsletters auf unterschiedliche Weise an. Nielson empfiehlt deshalb, den Newsletter vor dem Einsatz auf Plattformunabhängigkeit zu prüfen (vgl. Nielson, 2002).

In der Studie wurden nur 23 Prozent der Newsletter komplett gelesen. 27 Prozent der Newsletter wurden nur teilweise gelesen oder gar nicht geöffnet. Die Lösung liegt in der Einfachheit der Newslettergestaltung. Die Tester waren sich einig, dass Newsletter eine schlechte Qualität besitzen, wenn sie dem Anwender viel Zeit und Arbeit abverlangen. E-Mail-Nachrichten sind gut, wenn sie dem Anwender bei einer Erledigung Zeit ersparen, schnell durchzulesen sind und der Inhalt ernst zu nehmen ist (vgl. Nielson, 2002).

Die zweite Studie untersuchte die Nutzererfahrung beim Erhalten und Lesen von B2B-, B2C- und Intranet-Newslettern. Teilnehmer aus 12 Staaten der USA, Australien, Hong Kong, Japan, Schweden und Grossbritannien nahmen an der Studie teil. Es wurden 101 Newsletter untersucht, die über zwei bis vier Wochen getestet wurden. Dieser längerfristige Ansatz hat es erlaubt, mehr Betonung darauf zu legen, wie die Leute während ihres Arbeitstages mit Newslettern umgehen.

E-Mail-Meldungen, die informativ, komfortabel und rechtzeitig eintreffen, werden gegenüber anderen Medien bevorzugt. Zu 65 Prozent dienten Newsletter privaten Zwecken und 40 Prozent geschäftlichen Zwecken (5 Prozent wurden zweimal gezählt, da sie bei privat und geschäftlich erwähnt wurden.) (vgl. Nielson, 2002). In dieser Untersuchung waren die Tester besser in der Lage, Spam von legitimen selbst gewählten Newslettern zu unterscheiden (vgl. Nielson, 2007). Die Nutzer haben weniger denn je Toleranz für Newsletter, die ihre Zeit verschwenden. Auch Newsletter mit ungenügender Usability werden einfach gelöscht. Die Studie hat herausgefunden, dass oft der Spam-Filter für unerwünschte abonnierte Newsletter eingesetzt wird, anstatt sie abzubestellen (vgl. Nielson, 2007). Im Test klagten die Anwender oft über die unzureichende „Scanbarkeit". Gegenüber der ersten Studie lasen jetzt nur noch 11 Prozent der Empfänger die Newsletter komplett. Der gesunkene Anteil durchgelesener Newsletter ist ein Indikator für die zunehmende Menge der E-Mails, die die Empfänger bearbeiten müssen. 57 Prozent der Anwender überfliegen ihre Newsletter, 22 Prozent wurden überhaupt nicht gelesen. Manche Nutzer lasen nur die Überschriften und andere nahmen sich einige wenige Elemente heraus, die sie interessant fanden. Das Ergebnis aus der Studie ist, das der Newsletter scanbar gestaltet werden muss, da die Empfänger den Text eher überfliegen als lesen. Folglich muss das Layout so aufgebaut sein, dass die Leser den Inhalt jedes Artikels schnell begreifen und sich auf Detailliertes konzentrieren. Inhalt und Schreibstil müssen den Lesern weiterhelfen, die nur einen Teil des Materials lesen (vgl. Nielson, 2007). Nur die unmittelbare Nützlichkeit ist der Grund, weshalb abonniert und gelesen wird. Die folgenden Gründe wurden von mehr als 40 Prozent der Nutzer genannt (vgl. Nielson, 2007). Zwei Drittel der Nutzer waren Nachrichten wichtig, die unmittelbar mit der Arbeit im eigenen oder in anderen Unternehmen zu tun hatten. Anschließend wurden Gründe, wie Nachrichten oder Aktivitäten, Preise, Angebote, persönliches Interesse und Veranstaltungen angegeben.

Newsletter müssen ihre Daseinsberechtigung im Posteingang immer wieder neu rechtfertigen. Mit jeder Ausgabe müssen sie ihre Relevanz beweisen und die Bedürfnisse des Empfängers befriedigen, die er im Moment hat. In der Studie wurden Nutzer gefragt, was der Nutzen am Newsletter ist. Dabei stachen drei Aspekte, von denen jeder von mehr als einem Drittel hervorgehoben wurde heraus:

informativ   Sie halten die Nutzer auf dem Laufenden.

komfortabel	Sie werden direkt zum Nutzer geliefert und erfordern nur einen Klick zum Öffnen.
zeitgemäß	Sie bieten Informationen in Echtzeit (vgl. Nielson, 2007).

Ein erfolgreicher Newsletter muss eng auf die Bedürfnisse der Leser zugeschnitten sein, um ihnen einen spezifischen Nutzen zu bieten (vgl. Nielson, 2007).

4.3 Ziele

Auf Basis der Erfolgsfaktoren (siehe Abschnitt 4.6) leiten sich verschiedene Ziele ab, die den Einsatz von Newslettern begründen.

Ziele können das gesamte Unternehmen des Newsletteranbieters und seine Existenz betreffen. Durch den Newsletter können Ziele, wie etwa die Verbesserung des Image, die Steigerung des Bekanntheitsgrads und der Ausbau des Marktanteils verfolgt werden. Dies wird erreicht, indem der Newsletteranbieter die Vertrauensbeziehung zum Kunden mehr fokusiert. Leser sollen Vertrauen in die Kompetenz, Aufrichtigkeit und Zuverlässigkeit des Unternehmens und in seine Produkte aufbauen. Der Newsletter soll Qualität kommunizieren, um den Kunden auf lange Sicht zu binden und zufrieden zu stimmen. Durch das Messen des Customer Lifetime Value[3] (CLV) kann das Unternehmen den Wert der Kunden bestimmen, um seine strategischen Ziele danach anzupassen. Der Anbieter kann durch den Newslettereinsatz auf lange Sicht einen hohen Absatz der angebotenen Produkte, einen hohen Umsatz und eventuell einen hohen Gewinn erwarten. Die Unternehmen, die den Newsletter im Marketing-Mix[4] erfolgreich integrieren, besitzen durch ihn ein weiteres Instrument, um Leser zu halten und von sich zu überzeugen.

Ein weiteres Ziel bezieht sich direkt auf den Newsletter und seinen Erfolg. Leser abonnieren, weil sie interessante Informationen über das aktuelle Geschehen, Unterhaltung oder Produkte erwarten. Sie haben einen Bedarf, der durch die Informationsversorgung gedeckt werden kann. Ein inhaltlich qualitativ hochwertiger Newsletter (siehe Abschnitt 4.6.4) soll das Instrument sein, um die Kunden dazu zu bringen die angebotenen Produkte oder Informationen des Unternehmens anstelle der Konkurrenzprodukte zu kaufen oder der Konkurrenzinformationen zu lesen (vgl. Godin, 2001, S. 83). Ein Ziel des

---

[3]Customer Lifetime Value beschreibt den Kundenwert, der sich im laufe der Zeit durch den Umsatz jedes einzelnen Kunden erhöht. Das Unternehmen versucht den Kunden weiterhin an die Produkte oder Dienstleistungen zu binden. Neben vergangenen Umsätzen wird auch der zukünftig erwartete Umsatz berücksichtigt (Kundenpotenzial) (vgl. Aschoff, 2005, S. 150).

[4]Marketing-Mix umfasst die Abstimmung der operativen Marketinginstrumente untereinander. Die Produktgestaltung (Product), die Kontrahierungs- oder Preisgestaltung (Price), die Distribution (Place) und die Kommmunikation (Promotion) von Produkten oder Dienstleistungen (vgl. o.V., 2007h).

Unternehmens ist daher die ständige Optimierung der Meldungen, um die inhaltliche Qualität zu steigern.

Ein zentrales Ziel, dass durch einen Newslettereinsatz verfolgt werden kann, ist die Verbesserung der Kundenbindung. Geht die Nachfrage nach dem Newsletter zurück, kann das am fehlenden Interresse der Leser liegen. Die Kundenwünsche und die Kundenzufriedenheit stehen daher im Mittelpunkt. Die Anwendung von Kundenbeziehungsmanagement (Customer Relationship Management, CRM) pflegt auf lange Sicht durch eine intensive Kundenbetreuung und ein erfolgversprechendes Kontaktmanagement gezielt das Verhältnis zwischen Unternehmen und Kunden. Eine Bindung zu intensivieren verlangt Kenntnisse über den Kunden. Vertrautheit zu schaffen, ist der erste Schritt zu einer Vertrauensbeziehung, die durch genaues kennenlernen der Kunden erreicht werden kann (vgl. Godin, 2001, S. 96). Dies ist möglich, etwa durch die Auswertung der Antworten der Leser, die mittels Umfrage erfasst werden können. Dadurch gelingt es dem Newsletteranbieter, die Kundenbedürfnisse zu analysieren und umzusetzen (vgl. Godin, 2001, S. 75). Je vertrauter das Unternehmen dem Kunden erscheint, desto geringer ist die Wahrschinlichkeit, dass er die Beziehung zum Unternehmen aufgibt. Dies wird als „emotionale Wechsel-Barriere" bezeichnet (Schwarz, 2000, S. 260). Sie beschreibt den Sachverhalt, dass Kunden, die sich einmal entschieden haben, eher bei ihrer Entscheidung bleiben.

Ein zweites zentrales Ziel, dass durch die Verwendung eines Newsletters erreicht werden kann, ist die Neukundengewinnung. Der Newsletteranbieter muss sich entscheiden, inwieweit er bereit ist, einen Interessenten zu ermutigen eine Beziehung mit dem Unternehmen in Form eines Newsletter-Abonnements einzugehen. In diesem Zusammenhang durchläuft der Leser vier Stadien:

- zunächst ist er ein Interessent, der sich zu einem
- Freund entwickelt, um später zu einem
- Kunden zu werden und zuletzt
- treuer Kunde wird (vgl. Godin, 2001, S. 76f.).

Sobald ein Interessent zu einem Freund geworden ist, wird dieser sich stärker für das Unternehmen interessieren. Die Basis für eine Vertrauensbeziehung ist geschaffen und der Freund wird zulassen, dass das Unternehmen mehr Informationen über ihn erfragt. Die enge Bindung lässt den Freund zum Kunden werden. Wird diese Kundenbindung gepflegt, entwickelt sich der Kunde zu einem Stammkunden.

Der Newsletter kann nach den Stadien des Lesers abgestimmt werden. Dabei kann der Interessent und der Freund eine allgemeine nicht individualisierte Informationsversorgung angeboten bekommen. Der Leser mit dem Status Kunde kann bereits mit exklusiver Information versorgt werden. Als Stammkunde kann der Newsletter in seiner kompletten inhaltlichen Gestaltung auf die Bedürfnisse und Wünsche des Lesers abgestimmt werden. Alle vier Stadien beeinflussen auf ihre Weise die Gestaltung der Ziele. Abbildung 4.2 illustriert diese Abhängigkeiten.

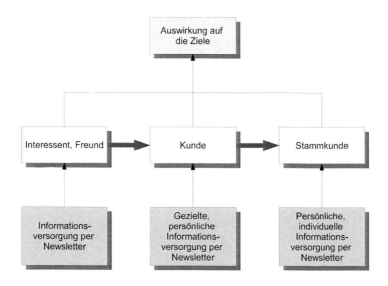

Abbildung 4.2: Die verschiedenen Stadien des Kunden

Aus Marketingsicht hat ein Newsletter die primären Ziele, eine Vertrauensbeziehung zwischen Interessenten und Unternehmen aufzubauen (Neukundengewinnung) und die bestehenden Kundenbeziehung zu intensivieren.

4.4 Rechtliche Rahmenbedingungen

Rechtliche Verordnungen und Gesetze bilden den Rahmen des E-Mail-Marketings.

Gesetz gegen unlauteren Wettbewerb Liegt dem Versender einer E-Mail keine Einwilligungserklärung des Empfängers vor, so ist das eine unzumutbare Belästigung nach dem Gesetz gegen unlauteren Wettbewerb (UWG): *„Eine unzumutbare Belästigung ist insbesondere anzunehmen (...) bei einer Werbung unter Verwendung (...) elektronischer Post, ohne dass eine Einwilligung der Adressaten vorliegt;"* (§7 Abs. 2 Nr. 3 UWG). Jedoch ist im Gesetz auch bestimmt, wann eine Werbung per E-Mail keine Belästigung darstellt: *"Abweichend von Absatz 2 Nr. 3 ist eine unzumutbare Belästigung bei einer Werbung unter Verwendung elektronischer Post nicht anzunehmen, wenn*

1. *ein Unternehmer im Zusammenhang mit dem Verkauf einer Ware oder Dienstleistung von dem Kunden dessen elektronische Postadresse erhalten hat,*

2. *der Unternehmer die Adresse zur Direktwerbung für eigene ähnliche Waren oder Dienstleistungen verwendet,*

3. *der Kunde der Verwendung nicht widersprochen hat und*

4. *der Kunde bei Erhebung der Adresse und bei jeder Verwendung klar und deutlich darauf hingewiesen wird, dass er der Verwendung jederzeit widersprechen kann, ohne dass hierfür andere als die Übermittlungskosten nach den Basistarifen entstehen."*

(§7 Abs. 3 UWG).

Bundesdatenschutzgesetz Das Bundesdatenschutzgesetz (BDSG) hält in diesem Zusammenhang fest: *„(...) keine oder so wenig personenbezogene Daten wie möglich zu erheben, zu verarbeiten oder zu nutzen.(...)"* (§3a BDSG). Es dürfen also nur die Daten gesammelt werden, die wirklich für den gegenwärtigen Zweck benötigt werden. So muss zum Beispiel eine E-Mail-Adresse zum Abonnieren eines Newsletters ausreichen.

Im BDSG, §4 Absatz 2 Nr. 2 steht dazu weiter: *„Personenbezogene Daten sind beim Betroffenen zu erheben. Ohne seine Mitwirkung dürfen sie nur erhoben werden, wenn (...)*

2. *a) die zu erfüllende Verwaltungsaufgabe ihrer Art nach oder der Geschäftszweck eine Erhebung bei anderen Personen oder Stellen erforderlich macht oder b) die Erhebung beim Betroffenen einen unverhältnismäßigen Aufwand erfordern würde und keine Anhaltspunkte dafür bestehen, dass überwiegende schutzwürdige Interessen des Betroffenen beeinträchtigt werden."*

(§4 Abs. 2 Nr. 2 BDSG).

In jedem Fall muss der Betroffene von der Speicherung seiner personenbezogenen Daten informiert werden. Im BDSG, §4 Absatz 3 ist deswegen festgelegt: *„Werden personenbezogene Daten beim Betroffenen erhoben, so ist er, sofern er nicht bereits auf andere Weise Kenntnis erlangt hat, von der verantwortlichen Stelle über*

1. *die Identität der verantwortlichen Stelle,*

2. *die Zweckbestimmungen der Erhebung, Verarbeitung oder Nutzung und*

3. *die Kategorien von Empfängern nur, soweit der Betroffene nach den Umständen des Einzelfalles nicht mit der Übermittlung an diese rechnen muss, (...)"*

(§4 Abs. 3 BDSG).

Dies bezieht daher das BDSG, §4a ein: *„Die Einwilligung ist nur wirksam, wenn sie auf der freien Entscheidung des Betroffenen beruht. (...) Die Einwilligung bedarf der Schriftform, soweit nicht wegen besonderer Umstände eine andere Form angemessen ist. (...)"* (§4a BDSG). Beispielsweise ist ein Einverständnis unwirksam, wenn bei einer Anmeldung auf einer Website automatisch eine Anmeldung zum Newsletter erfolgt, von dem der Besucher nichts mitbekommt.

Eine Berichtigung, Löschung oder Sperrung von Daten, wie beispielsweise der E-Mail-Adresse, Name oder Geburtsdatum des Betroffenen ist vorzunehmen, wenn dieser bei der verantwortlichen Stelle, wie dem Newsletteranbieter Widerspruch einlegt. Damit ist eine weitere Nutzung oder Übermittlung seiner Daten für Werbezwecke unzulässig. Im BDSG, §28 Absatz 4 steht deshalb: *„Widerspricht der Betroffene bei der verantwortlichen Stelle der Nutzung oder Übermittlung seiner Daten für Zwecke der Werbung (...), ist eine Nutzung oder Übermittlung für diese Zwecke unzulässig. Der Betroffene ist bei der Ansprache zum Zweck der Werbung (...) über die verantwortliche Stelle sowie über das Widerspruchsrecht nach Satz 1 zu unterrichten; soweit der Ansprechende personenbezogene Daten des Betroffenen nutzt, die bei einer ihm nicht bekannten Stelle gespeichert sind, hat er auch sicherzustellen, dass der Betroffene Kenntnis über die Herkunft der Daten erhalten kann. Widerspricht der Betroffene bei dem Dritten, dem die Daten nach Absatz 3 übermittelt werden, der Verarbeitung oder Nutzung für Zwecke der Werbung (...), hat dieser die Daten für diese Zwecke zu sperren."* (§28 Abs. 4 BDSG).

Teledienst-Datenschutzgesetz Im Teledienst-Datenschutzgesetz (TDDSG) wird die genaue Nutzung der personenbezogenen Daten ebenso festgelegt: *„Personenbezogene Daten dürfen vom Diensteanbieter zur Durchführung von Telediensten nur erhoben,* *verarbeitet und genutzt werden, soweit dieses Gesetz oder eine andere Rechtsvorschrift es erlaubt oder der Nutzer eingewilligt hat."* (§3 Abs. 1 TDDSG).

Von besonderer Relevanz für Newsletteranbieter ist die Regelung über die elektronische Einwilligung: *„Bietet der Diensteanbieter dem Nutzer die elektronische Einwilligung an, so hat er sicherzustellen, dass*

> *1. sie nur durch eine eindeutige und bewusste Handlung des Nutzers erfolgen kann,*
>
> *2. die Einwilligung protokolliert wird und*
>
> *3. der Inhalt der Einwilligung jederzeit vom Nutzer abgerufen werden kann."*

(§4 Abs. 2 TDDSG).

Das TDDSG erlaubt eine Erhebung, Verarbeitung und Nutzung personenbezogener Daten ohne Einwilligung des Betroffenen nämlich nur: *„(...)soweit dies erforderlich ist, um die Inanspruchnahme von Telediensten zu ermöglichen und abzurechnen (Nutzungsdaten)."* (§6 Abs. 1 TDDSG). Die Nutzungsdaten, sind laut TDDSG, §6 Absatz 1: "(...)

> *a) Merkmale zur Identifikation des Nutzers,*
>
> *b) Angaben über Beginn und Ende sowie über den Umfang der jeweiligen Nutzung und*
>
> *c) Angaben über die vom Nutzer in Anspruch genommenen Teledienste."*

(§6 Abs. 1 TDDSG).

Der Nutzer wird durch die im TDDSG aufgezählten Punkte geschützt: *„(...)Der Diensteanbieter darf für Zwecke der Werbung, der Marktforschung oder zur bedarfsgerechten Gestaltung der Teledienste Nutzungsprofile bei Verwendung von Pseudonymen erstellen, sofern der Nutzer dem nicht widerspricht.(...)"* (§6 Abs. 3 TDDSG). Die Verwendung von Pseudonymen hat den Grund, dass die erhobenen Daten, beispielsweise Kaufverhalten, nicht mit der Person in Verbindung gebracht werden können. Wer dieses Gesetz und alle weiteren missachtet handelt laut TDDSG, §9 Absatz 1 Nr. 5 ordnungswidrig: *„Ordnungswidrig handelt, wer vorsätzlich oder fahrlässig(...)*

> *5. entgegen § 6 Abs. 3 Satz 3 ein Nutzungsprofil mit Daten über den Träger des Pseudonyms zusammenführt."*

(§9 Abs. 1 Nr. 5 TDDSG).

Anbieter, die fahrlässig oder vorsätzlich gegen grundlegende Pflichten des TDDSG verstoßen, müssen ein Bußgeld in bis zu einer Höhe von 50.000 EUR zahlen (§9 Abs. 2 TDDSG).

4.5 Newslettergestaltung

Die Gestaltung eines Newsletters beginnt mit der Entscheidung, welche Art und welches technische Format verwendet werden soll. Auch sollte der Anbieter mit dem Grundgerüst des Newsletters (Inhaltsaufbau und Struktur) vertraut sein.

4.5.1 Arten und technische Formate

Der klassische Newsletter gehört zu den verschiedenen Arten des E-Mail-Marketings. In diesem Kapitel werden die wichtigsten Arten des E-Mail-Marketings vorgestellt und erläutert. Anschließend werden die technischen Formate erklärt.

Informations-Newsletter Die klassische Form ist der Informations-Newsletter. Er ist wie eine elektronische Zeitung für Kunden, Unternehmenspartner und Mitarbeiter. Die Kommunikation mit dem Leserkreis ist anlassbezogen und daher zeitlich begrenzt. Inhaltlich beschränken sich die Meldungen auf Pressemitteilungen, interne Veranstaltungen, Terminbekanntgaben für Seminare und Messen oder Informationen über das Unternehmen (Marktanteil, Marktposition, Umsatzzahlen, Gewinn, Wettbewerbsfähigkeit, Mitglieder des Vorstands, Informationen des Betriebsrats, etc.). Ziel ist eine ausreichende Informationsversorgung der Leser, um als transparentes und offenes Unternehmen zu gelten, sein Image zu verbessern und seine Leser zu binden (vgl. Schwarz, 2005a, S. 22).

E-Katalog Der E-Katalog ist ausschließlich für Werbezwecke entwickelt worden. Die Zielgruppe des Versenders ist rein im B2C-Bereich angesiedelt. Endverbraucher erhalten regelmäßig Informationen über die aktuellsten Produktangebote. Besonders Aktionen für einen begrenzten Zeitraum und „Schnäppchen" werden kommuniziert. Anbieter der E-Kataloge sind überwiegend Versandhäuser, die den Kunden durch Produktinformation zum Kauf animieren möchten (vgl. Schwarz, 2005a, S. 23).

E-Mailing Ein E-Mailing ist wie eine persönliche Einladung an den Leser. Es wird ebenfalls nur zu Anlässen und an eine ausgewählte Zielgruppe verschickt. Der Inhalt ist zum Beispiel eine Einladung zu Messen, Events oder Seminaren. E-Mailings sind daher direkt und persönlich formuliert und können so die Aufmerksamkeit besonders verstärken (vgl. Schwarz, 2005a, S. 23).

Redaktionelle Newsletter Redaktionelle Newsletter sind die am weitesten verbreitete elektronische Art der Informationslieferung. Die von einer Redaktion zusammengestellten Artikel machen den Inhalt aus. Erst nach Einwilligung des Empfängers werden ihm in periodischen Abständen Nachrichten aus speziellen Fachgebieten und aktuelle Meldungen gesendet (vgl. Schwarz, 2005a, S. 23).

Standalone-E-Mail Neben den Informationen dient der Newsletter auch als Plattform für Werbeanzeigen. Die Werbung wird in Form einer Standalone-E-Mail versendet und passend zum Inhalt des Newsletters gewählt. Standalones werden von einem Dritten an eine bereits existierende Verteilerliste geschickt. Dies geschieht mit der Einwilligung des Inhabers der E-Mail-Adressen-Liste. Die Leser haben ebenfalls ihre Erlaubnis durch eine schriftliche Einwilligung ausgedrückt. Standalone-E-Mails bestehen aus einer Anzeige und beinhalten keinerlei redaktionelle und fachspezifische Information. Sie werden vom Leser nicht ausdrücklich abonniert und sollten daher neben dem Newsletter nicht zu oft versendet werden (vgl. Schwarz, 2005a, S. 23).

Text-Format Es gibt verschiedene Wege einen Newsletter darzustellen. Das am längsten existierende Format ist das Text-Format. Ein auf Textzeichen basierter Newsletter ist in jedem Editor ohne Probleme zu visualisieren. Formatierungen oder Bilder sind mit der einfachen American Standard Code for Information Interchange-Text-Mail (ASCII-Text-Mail) nicht umzusetzen. Als Hyperlink[5] wird die komplette Web-Adresse angezeigt (vgl. Schwarz, 2005a, S. 72).

HTML-Format Als neuer Standard hat sich dennoch das Hypertext Markup Language-Format (HTML[6]-Format) etabliert. Ein HTML-Newsletter besitzt alle Möglichkeiten der Formatierung, wie Spalten- und Zeileneinteilung oder Bild- und Farbdarstellung. Hyperlinks können als Texthervorhebung angezeigt werden. Jedoch besteht bei HTML

---

[5]Hyperlink ist ein anklickbarer Text, der es dem User erlaubt, direkt auf eine Website zu gelangen (vgl. MacPherson, 2001, S. 11).

[6]HTML ist eine textbasierte Auszeichnungssprache zur Darstellung von Inhalten wie Texten, Bildern und Hyperlinks in Dokumenten (vgl. MacPherson, 2001, S. 10).

die Gefahr, zuviele Formatierungen umzusetzen, sodass der Newsletter schnell überladen wirkt (vgl. Aschoff, 2005, S. 90).

Der Markt unterscheidet hier zwei Formen des HTML-Newsletters. Bei Online-HTML-Newslettern werden die Bilder nicht mit der E-Mail mitgesendet. Besteht eine Online-Verbindung werden die Bilder beim Öffnen der E-Mail abgerufen. Oft lässt der E-Mail-Client des Empfängers die Anzeige der Bilder aus Sicherheitsgründen nicht zu, sodass nur leere Kästen anstelle der Bilder angezeigt werden. Anders als bei Online-HTML werden bei Offline-HTML Bilder in der E-Mail mitgeliefert, um dem Problem der Anzeige der leeren Kästen entgegenzuwirken (vgl. Schwarz, 2005a, S. 72).

PDF-Format Eine weitere technische Form ist das Portable Document Format (PDF). In der zugesendeten E-Mail ist der eigentliche Newsletter die PDF-Datei im Anhang. Das PDF-Fomat ermöglicht es, Newsletter in einem druckreifen Layout darzustellen. Darüber hinaus ist es plattformunabhängig darstellbar (vgl. Aschoff, 2005, S. 90).

Flash-Format Die neueste und aufwändigste technische Umsetzung ist das Flash-Format. Flash-Newsletter integrieren neben Text und statischen Bildern animierte Inhalte, die bei Bedarf mit Tönen oder Musik hinterlegt werden können. Flash-E-Mails sind die am weitesten verbreitete Rich-Media-Technologie[7]. Nach einer Studie der Dynamic Logic Market Norm aus dem Jahr 2006 ist die Wirkung eines animierten Inhalts 2,6 Mal höher als ein statisches Bild (vgl. Gatzke, 2007).

RSS-Feed-Format Eine Konkurrenz zu den oben genannten Formaten ist die auf Extensible Markup Language-basierte Technologie (XML-basierte) Rich Side Summary (RSS). Websitebetreiber können damit ihre Neuigkeiten in RSS-Feed-Format zur Verfügung stellen. Durch einen RSS-Reader sind die Empfänger in der Lage, die Inhalte auf ihrem Rechner darzustellen. RSS ist ein Pull-Ansatz[8], denn die Leser holen sich die Nachrichten nach Bedarf (vgl. Gigold, 2004).

Nach einer Untersuchung des Unternehmens Absolit im Mai 2006 haben 29 Prozent der HTML-Newsletter eine Gesamtgröße von über 100 Kilobyte, wobei Absolitexperten als Empfehlung einen Richtwert von 70 Kilobyte Gesamtgröße vorschlagen. Grund sind die Bilder in den Newslettern ‚die eine hohe Bandbreite verbrauchen und somit viel Zeit zum Laden benötigen. 27 Prozent der Versender nutzen das einfache Textformat und 64 Prozent der Newsletter verschicken ihren Newsletter im HTML-Format mit Bildern.

---

[7]Rich Media vereint neueste audio und visuelle Technik (vgl. Aschoff, 2005, S. 107ff).
[8]Beim Pull-Ansatz sucht der Anwender aktiv die Information im Internet (vgl. Stock, 2000, S. 53)

Nur fünf Prozent versenden einfach formatierte HTML-E-Mails ohne Bilder und vier Prozent der Unternehmen entscheiden sich für das PDF-Format (vgl. Gatzke, 2006).

4.5.2 Inhaltsaufbau und Struktur

Das Layout des Newsletters teilt sich in zwei Bereiche auf, den Header und den Body. Der Header ist als Vorspann zu sehen und enthält formale und technische Angaben. Die wesentlichen Bestandteile des Headers sind die E-Mail-Adressen des Absenders und des Empfängers, die Betreffzeile sowie das Versanddatum und die Versanduhrzeit (vgl. Kruse, o.A.).

Der eigentliche Inhalt der E-Mail wird als E-Mail-Body bezeichnet. Aschoff (Aschoff, 2005) empfiehlt, diesen Teil in drei Unterbereiche zu untergliedern. So stellt sich der Aufbau aus den Bereichen Kopfzeile, Textkörper und Fußzeile zusammen.

Die Kopfzeile verschafft Überblick über das Thema, gibt Klarheit über den Absender und beinhaltet den Namen des Newsletters. Aschoff betont, dass bei unregelmäßigen E-Mailings zu Beginn der E-Mail ein Hinweis erfolgen sollte, woher die E-Mail-Adresse gewonnen wurde. So ein Hinweis könnte wie folgt lauten: „Sie erhalten diese E-Mail, weil Sie als Käufer unseres Notebooks angegeben haben, dass Sie an weiteren Informationen interessiert sind." (Aschoff, 2005, S. 57). Bereits im Kopfteil wird auf die Abmeldefunktion im Newsletter hingewiesen, falls der Empfänger den Newsletter nicht weiter erhalten möchte.

Die Grundregel des Newsletteraufbaus im Textkörper ist, dass das Wichtigste am Anfang steht und dann die Details folgen (vgl. Aschoff, 2005, S. 56f.). Der Textkörper besteht aus dem persönlichen Anschreiben (Editorial), mehreren Einzelmeldungen und bei Bedarf einem Inhaltsverzeichnis. Das Editorial sollte mit einer persönlichen Begrüßung beginnen und kurz gehalten werden. Der Kern des Textkörpers sind die Meldungen. Bei der inhaltlichen Gestaltung des Bodys wird die wichtigste Meldung (Meldung1) an den Beginn gesetzt. Umfasst der Newsletter mehrere Bildschirmseiten, so lohnt es sich zu Beginn des Newsletters ein übersichtliches Inhaltsverzeichnis aufzuführen. Abhängig vom technischen Format sind die einzelnen Nachrichten gut zu strukturieren und zu gliedern (vgl. Fogg, 2003, S. 58f.).

Die Fußzeile führt die möglichen Wege auf, mit dem Unternehmen in Kontakt zu treten (Telefonnummer, Faxnummer, Postadresse, Web-Adresse des Absenders). Hier sollte auch die Möglichkeit zur Newsletter-Abmeldung aufgeführt werden (vgl. Fogg, 2003, S. 60f.).

4.6 Erfolgsfaktoren

Evidente Vorteile, die den Erfolg des Newsletters begünstigen sind niedrige Kosten bei der Distribution (einzig Softwarlizenzen und Providergebühren sind zu zahlen) und zeit- und raumunabhängiger Versand durch die Nutzung des Internets (vgl. Schwarz, 2007). Eine zeitnahe Umsetzung garantiert eine zuverlässige und aktuelle Informationsversorgung (vgl. Schwarz, 2007). Unternehmen profitieren vom Internet, da es keine Papier- und Druckkosten verursacht (vgl. Schwarz, 2005a, S. 19).

4.6.1 Permission

Traditionelle Verkaufs- und Vermarktungsmethoden beinhalten, dass die angebotenen Produkte und Dienstleistungen an so viele Kunden wie möglich verkauft werden sollen. E-Mail-Marketing spricht jeden Kunden direkt an, um in Kontakt zu treten und gegebenenfalls eine tiefe Kundenbeziehung zu erreichen. Aber nur durch das freiwillige Einverständnis des Kunden (Permission) steht einer regelmäßige Kommunikation mit dem Unternehmen nichts im Wege (vgl. Godin, 2001, S. 83). Die Einverständniserklärung wird durch Erlaubnisvermarktung (Permission Marketing) erreicht, das mit ausdrücklicher Erlaubnis des Kunden, den Werbe- oder Informationsversand zulässt (siehe Abschnitt 4.1). So bekommt das Unternehmen die Möglichkeit, seine Produkte oder Dienstleistungen zu kommunizieren. Das Einverständnis des Kunden ist Grundvoraussetzung für eine seriöse Informationslieferung. Nach Godin spielen drei Faktoren in der Erlaubnisvermarktung eine wichtige Rolle:

erwartet	Der Leser freut sich auf die Information.
persönlich	Der Newsletters bezieht sich direkt auf das Individuum.
relevant	Der Inhalt des Newsletters ist auf die Interessen des Lesers abgestimmt (vgl. Godin, 2001, S. 53).

Werden besonders die letzten drei genannten Faktoren vom Anbieter bei der Gestaltung eines Newsletters berücksichtigt, so ist die Chance größer, dass der Kunde von sich aus den Dialog mit dem Unternehmen sucht.

Hat der Anbieter eine Einwilligungserklärung nach den rechtlichen Rahmenbedingungen erhalten (siehe Abschnitt 4.4), steht dem Versand des Newsletters nichts mehr im Wege. Es gibt drei Verfahren, nach denen der Interessent des Newsletters sein Einverständnis geben kann. In Abbildung 4.3 auf der nächsten Seite werden sie grafisch dargestellt.

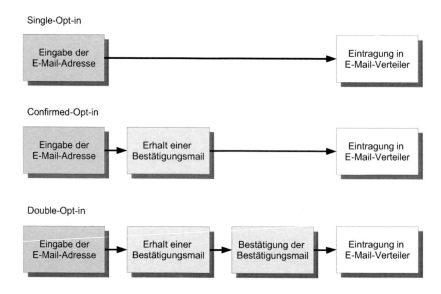

Abbildung 4.3: Die drei Arten des Anmeldeverfahrens
(vgl. Schwarz, 2005a, S. 39)

Das „Single-Opt-In-Verfahren" bestätigt die Anmeldung des Abonnenten mit einer Bestätigungsseite (meistens Pop-up-Fenster) auf der Website des Anbieters (vgl. Aschoff, 2005, S. 47). Bei „Confirmed-Opt-in" wird direkt nach der Anmeldung und der Bestätigungsseite auf der Website eine Begrüßungsmail an die E-Mail-Adresse des Empfängers geschickt. In dieser Mail wird die Anmeldung bestätigt (confirmation) und das Verfahren der Abbestellung dargelegt. „Double-Opt-in" ist die am häufigsten verwendete Anmeldeform. Nachdem der Interessent sich auf der Website angemeldet hat, wird ihm, wie auch bei „Confirmed-Opt-in", eine Bestätigungsmail zugesendet, die aber ausdrücklich eine Antwort des Empfängers verlangt. Ausgedrückt durch einen Hyperlink muss der Empfänger seine Einwilligung nochmals bestätigen. Der Anbieter kann somit ausschließen, dass der Abonnent sich aus Versehen angemeldet hatte (vgl. Schwarz, 2005a, S. 38f).

4.6.2 Kontakt

Der Erfolg des Newsletters hängt vom Erstkontakt ab, welche Erwartungen beim Empfänger geweckt werden und wie diese Erwartungen in der Praxis erfüllt werden. Godin (Godin, 2001) erwähnt fünf Schritte, wie Newsletteranbieter ihren Erstkontakt durchführen sollten. Sie

1. bieten potenziellen Lesern einen Anreiz (Information, Unterhaltung, Preisausschreiben, direktes Entgeld für freiwillige Teilnahme,
2. lenken das Interesse und die Neugier der Leser auf ihren Newsletter,
3. verstärken einen Anreiz, um eine erteilte Erlaubnis aufrecht zu erhalten,
4. belohnen das Vertrauen der Leser durch exklusive Informationen oder Mitgliederrabatte, um die erteilte Erlaubnis zu erweitern und
5. nutzen die Erlaubnis, um den Lesern in Zukunft Informationen nach Maß zukommen zu lassen (vgl. Godin, 2001, S. 188f.).

Ist ein Newsletter auf die Bedürfnisse des Lesers abgestimmt, resultiert er in eine auf diese Weise immer umfassenderen Erlaubnis, die idealerweise in eine Auskunft über Hobbies, Geburtsdatum, Postadresse, Kinderanzahl oder ähnliches mündet. Der Kreislauf der Berechtigung zum Newsletterversand ist inkrementell. War der Erstkontakt erfolgreich, so baut sich eine Vertrauensbeziehung auf, die die emotionale Bindung zum Unternehmen stärkt (vgl. Schwarz, 2005a, S. 112).

Dem Newsletteranbieter bieten sich verschiedene Möglichkeiten, E-Mail-Adressen des künftigen Empfängers des Newsletters zu gewinnen. Messen oder Events, Fax, Telefon oder Mailings, Gewinnspiele oder Umfragen werden zum Sammeln von E-Mail-Adressen eingesetzt (vgl. Schwarz, 2005a, S. 37). In der Tabelle 4.1 auf der nächsten Seite werden die am häufigsten eingesetzten Wege dargestellt, E-Mail-Adressen zu gewinnen.

Das Sammeln der Adressen ist nicht in jedem Fall gleichzusetzen mit dem Einholen der Erlaubnis. Werden Newsletter an Empfänger versendet, die nicht ihr Einverständnis gegeben haben, riskiert der Versender Abmahnungen und Imageverlust. Um legal die Erlaubnis des potentiellen Lesers zu erhalten mieten viele Versender die Adressen bei Application Service Providing-Dienstleistern (ASP-Dienstleister), die nur mit Adressen arbeiten, deren Besitzer nachweislich eingewilligt haben. Der Deutsche Direktmarketing Verband (DDV) und der eco-Verband[9] führen eine Liste über die zertifizierten

---

[9] Der eco-Verband ist der Verband der deutschen Internetwirtschaft (vgl. o.V., 2007d).

Fünf Wege der Kontaktaufnahme	
Formular	Newsletter-Anmeldung auf der Website
Gewinnspiel	Adressgewinnung durch Gewinnspiele auf der Website
Co-Sponsoring	Sponsoring eines externen Gewinnspiels zur Adressgewinnung
Co-Registrierung	Platzierung des Anmeldeprozesses auf der Website eines Dritten
Standalone	Vollformatige Newsletteranzeigen in affinen Verteilern

Tabelle 4.1: Die fünf Wege der Kontaktaufnahme
(vgl. Schwarz, 2006a, S. 47)

Anbieter (Certified Senders Alliance, CSA). Wer dort registriert ist, hat bewiesen, keinen illegalen Handel mit E-Mail-Adressen zu führen (vgl. Ungerer, 2006). Die größte Gruppe der Adressenanbieter sind Versandplattformen, wie Ecircle-domeus, buongiorno Deutschland oder Newsmarketing.de (vgl. Schwarz, 2005a, S. 143). Die sogenannten Permission-Marketing-Anbieter gewinnen ihre Adressen nach den Regeln der Permission und stellen sie für die Nutzer transparent dar (vgl. Schwarz, 2005a, S. 144f.).

Die neueste Form, Adressen von Nutzern zu gewinnen, ist ein zentrales Verzeichnis deutschsprachiger Newsletter. Gegen eine Nutzungsgebühr können Newsletteranbieter ihre aktuellste Ausgabe zur Darstellung in das Portal einstellen (vgl. Schwarz, 2005b, S. 14).

Die Newsletterplattform verlangt einen aktiven User, der sich selbst seinen passenden Newsletter sucht und sowohl die Zeit als auch die Geduld hat, ihn zu finden. Viele Kunden wollen nicht aktiv suchen, sondern möchten mit passenden Informationen versorgt werden. Versender von Newslettern haben daher die Segmentierung in Zielgruppen entwickelt. Ziel dieser Segmentierung ist es, Interessenten in Gruppen mit jeweils gleichartigen Profilen zu unterteilen. Die Zielgruppe wird nicht analysiert, sondern nur strukturiert. Diese Strukturierung kann nach Geschlecht, Altersgruppe, Familienstand, Postleitzahlenbereich, Haushaltsnettoeinkommen, Interessen oder Kaufgewohnheiten unterteilt werden. Je genauer die Eingrenzung der Zielgruppe, desto besser sind die Segmente ansprechbar (vgl. Aschoff, 2005, S. 157). Der Newsletter ist dann eher den Interessen der Leser anzupassen und das kann die Abonnententreue aufrecht halten und die Neugier des Lesers wecken.

Ein Newsletter kann jedoch seine Leser verlieren, wenn er keine neuen Inhalte mehr liefert, die Frequenz zu hoch ist, er keinen Zusatznutzen mehr bietet oder ein Verdacht auf Adressweitergabe besteht (vgl. Schwarz, 2005a, S. 117). Einige Anbieter sammeln deshalb noch zusätzlich Informationen über die derzeitge Lebenszyklusphase (Life-Stage) des Kunden. So wird der Newsletter darauf abgestimmt, ob der Empfänger gerade Rentner, Hausfrau, Student oder Familienvater ist (vgl. Schwarz, 2005b, S. 41).

Der Versender kann aber auch, durch thematisieren allgemeiner Anlässe, wie das Wetter, Events (Messeeinladungen, Einladung zum Fachvortrag) und besondere Aktionen (Preisverleihung, Meinungsumfrage) Relevanz erzeugen, um den Kundenkontakt aufrecht zu halten. Sonderangebote (Frühbucherrabatt, Saisonangebote) und Ankündigungen (Neuheiten, Preissenkungen) können ebenfalls eingesetzt werden (vgl. Schwarz, 2005a, S. 118). Besonders Anlässe, wie Valentinstag, Muttertag oder Geburtstag können den Kontakt zum Leser dauerhaft halten.

4.6.3 Personalisierung und Individualisierung

Wird von Personalisierung des Newsletters gesprochen ist damit die persönliche Anrede des Lesers gemeint. Persönliche Anrede heißt, die Empfänger nicht mit „Liebe Leser" anzusprechen, sondern sie beim Namen zu nennen. Diese höfliche Formulierung stärkt die Kundenbindung, da der Angesprochene sich wertgeschätzt fühlt. Viele Newsletter beinhalten den Namen des Lesers bereits in der Betreffzeile (vgl. Aschoff, 2005, S. 129). Um Empfänger persönlich anzusprechen, erfragen Anbieter durch Gewinnspiele, Umfragen oder Anmeldeformulare den Namen und das Geschlecht des Kunden.

Newsletter können auch individualisiert werden. Das bedeutet, dass sie nach den Bedürfnissen jedes einzelnen Kunden zugeschnitten werden können. Dabei existieren zwei Arten von Individualisierung, die

- zeitliche und
- inhaltliche

Individualisierung (vgl. Aschoff, 2005, S. 129).

Die zeitliche Individualisierung betrifft die Versandfrequenz. Diese geht von den Faktoren Inhalt (Art des Inhalts), Umfang (Größe der E-Mail) und Aktualität (Veralten des Inhalts) aus. Redaktionelle Newsletter versenden etwa wöchentlich oder täglich ihre Nachrichten. E-Mailings und E-Kataloge werden überwiegend monatlich zugeschickt.

Um als Unternehmen nicht als unzuverlässig zu gelten, muss der Newsletter mit einer gleichbleibenden Frequenz zugestellt werden. Für die Akzeptanz der E-Mail ist überdies auch der Versandzeitpunkt ausschlaggebend. Abhängig von der Zielgruppe ist der optimale Zeitpunkt für E-Mailing bei Privatpersonen nach 17 Uhr und bei Personen mit beruflicher Tätigkeit zwischen neun und 17 Uhr. Trifft der Versender den richtigen Versandzeitpunkt des Lesers beeinflusst dies die Öffnungs[10]- und Klickrate[11] positiv (vgl. Aschoff, 2005, S. 126f.).

Empfänger haben dennoch nicht immer Zeit und Lust den gerade eingetroffenen Newsletter zu lesen oder abzuspeichern. Daher kann der Empfänger die Frequenz und den Versandzeitpunkt selbst bestimmen. Der Anbieter überlässt dem Kunden die Entscheidung, ob er täglich, wöchentlich oder monatlich mit Informationen vom Unternehmen versorgt werden möchte. Manche Newsletter schlagen bei der Anmeldung bereits eine Uhrzeit oder einen Wochentag zum Versand vor. So hat die zeitliche Individualisierung den Vorteil, dass unterschiedliche Zielgruppen nicht zeitgleich, sondern abhängig von ihren Profilen die erwünschte E-Mail-Kommunikation erhalten.

Eine weitaus wichtigere Postion nimmt die inhaltliche Individualisierung ein. Sie bezeichnet die Erstellung unterschiedlicher Inhalte für unterschiedliche Personen oder Zielgruppen. Basierend auf dem individuellen Interessenprofil des Abonnenten erstellt die Redaktion einen speziell auf den Kunden zugeschnittenen Newsletter. Die soziodemographischen Daten des Empfängers in der Kundendatenbank werden beispielsweise durch Link Tracking[12] gewonnen. In die Newsletter integriert sind Tracking Codes, die dem Webserver das Anklicken der Hyperlinks signalisieren. Dem Unternehmen wird damit angezeigt, wer, wann und wie oft auf welchen Link geklickt hat. Die Öffnungsquote[13] fließt in die Datenbank mit ein und dient als erster Anhaltspunkt dafür, wie ansprechend der Inhalt des Newsletters ist (vgl. Schwarz, 2005b, S. 35). Ein Data Warehouse[14] kann die Interessenprofildatenbank ergänzen, indem es die Kundendaten archiviert, analysiert, aufbereitet und strukturiert. Dieses Verfahren bildet die Grundlage für ein erfolgreiches Kundenbeziehungsmanagement (Customer Relationship Management, CRM), weil es dem Anbieter den Versand von inhaltlich individualisierten

---

[10]Öffnungsrate ist die Anzahl der zugestellten und geöffneten E-Mails (vgl. Schwarz, 2005a, S. 11).

[11]Klickrate ist der Anteil der aktiven Empfänger, die Hyperlinks im Newsletter anklicken (vgl. Schwarz, 2005a, S. 11).

[12]Link Tracking ist das Messen und Auswerten von Mausklicks der Internet-Nutzer auf Links in den E-Mails (vgl. Aschoff, 2005, S. 13).

[13]Die Öffnungsquote ist die Quote, aus der hervorgeht, wie viele Leser ihre E-Mail geöffnet haben (vgl. Aschoff, 2005, S. 128).

[14]„Als Data Warehouse wird eine Sekundärdatenbank bezeichnet, die mit Hilfe geeigneter Extraktionsmechanismen aus einer oder mehreren operativen Datenbanken erzeugt wird. Die Daten der Sekundärdatenbank sind dabei so aufzubereiten und zu aggregieren, dass sie hinsichtlich zu erwartender Auswertungen in möglichst geeigneter Weise zusammengestellt werden." (Lehmann u. a., 2005, S. 16) zitiert nach (Rautenstrauch, 1997)

Newslettern erlaubt (vgl. Aschoff, 2005, S. 141). Die Rücksichtnahme auf inhaltliche persönliche Vorlieben der E-Mail-Empfänger baut auf langer Sicht ein tiefes Gefühl von Vertrauen zwischen Leser und Unternehmen auf.

Persönliche Informationen können direkt beim Empfänger erhoben werden, aber auch aus anderen Datenbanken stammen. In jedem Fall muss der Empfänger die Möglichkeit besitzen über Art und Umfang der über ihn gespeicherten Daten Auskunft erhalten zu können. Nach Bundesdatenschutzgesetz (BDSG) und Teledienstdatenschutzgesetz (TDDSG) dürfen personenbezogene Stammdaten nicht mit den Nutzungsdaten, abgeleitet von dem jeweiligem Klickverhalten, verknüpft werden (siehe Abschnitt 4.4). Die meisten Kundeninteressenprofilsysteme speichern und werten daher die Klickdaten anonymisiert aus. Anonymisiert bedeutet hier, dass aus den gesammelten Informationen Verweise auf die Person oder Stammdaten vollständig entfernt oder nur durch die Zielgruppe definiert werden (vgl. Aschoff, 2005, S. 219). Den Abonnenten regelmäßig personalisierte Newsletter zuzusenden ist eine neue Herausforderung für die Unternehmen aber ein wichtiger Bestandteil beim Aufbau einer langfristigen Kundenbeziehung.

4.6.4 Mehrwert

Ein Newsletter hat mehr Erfolg, wenn er dem Leser einen Zusatznutzen bietet. Bei E-Mail-Marketing (siehe Abschnitt 4.1) muss der Kunde die Freiheit besitzen, entscheiden zu dürfen, was er lesen will und was nicht. Hat der Newsletter für den Leser einen persönlichen Mehrwert, wird er seine Erlaubnis weiterhin aufrecht erhalten. Unternehmen müssen sich daher die Frage stellen, worin der Nutzen für den Empfänger liegt. Die Antwort ist: ein interessantes und relevantes Angebot an Inhalten. Die Anzahl der Öffnungen der selben E-Mail soll Auskunft darüber geben, ob die Inhalte auch den erwünschten Mehrwert bieten. Unternehmen können durch eine genaue Analyse des Kundeverhaltens lernen, wo die Vorlieben und Interessen des Lesers liegen. Ist der E-Mail-Newsletter nach Kundenwünschen gestaltet erzeugt das Zufriedenheit und Aufmerksamkeit beim Empfänger. Einige nutzenbringende Inhalte werden in Tabelle 4.2 auf der nächsten Seite aufgezeigt.

Ein nutzenbringender Inhalt kann durch folgende Faktoren verstärkt werden:

Zeitvorsprung	Den Leser früher informieren.
Exklusivität	Meldungen anbieten, die an anderer Stelle nicht zu lesen sind.
Interaktivität	Diskussion und Kommunikation mit dem Leser (vgl. Schwarz, 2005a, S. 112).

	Nutzenbringende Inhalte
Aktuelles	Aktuelle Meldungen aus der Branche, Pressemitteilungen, neue Gesetze oder Gesetzesänderungen, Interna aus dem Unternehmen, Meldungen von Kooperationspartnern
Produkte	Restposten, Schnäppchen, kurzfristige Angebote, Produktverbesserungen, Produktinnovationen, Räumungsverkauf
Tipps und Trends	Saisonale Tipps (Pollenflug, Hitze), Rezepte, Anleitungen, Expertentipps, Kunden präsentieren Problemlösungen, Finanzierungstipps, Spartipps, Modetipps, Lexika
Marktinformationen	Neue Technologien, aktuelle Trends, Diskussionsforen, Themenwünsche von Lesern
Termine	Veranstaltungen, Kundentage, Jubiläumsfeiern, Messebeteiligungen, Seminarangebote, Kongresse, Tagungen, Terminkalender, Online-Chat mit Experten, wichtige Branchentermine
Surf- und Lesetipps	Bücherempfehlungen, Neuerscheinungen, Buchbesprechung, Bestsellerlisten, Websites von Partnern, Websites mit Nutzwert
Exklusive Leistungen	Gewinnspiele, Verlosungen, Preisausschreiben
Digitale Produkte	Download-Bereich gratis, Domain-Name gratis

Tabelle 4.2: Nutzenbringende Inhalte
(vgl. Schwarz, 2005a, S. 114)

Zum Beispiel kann der Newsletter schon die Angebote der darauffolgenden Woche im Newsletter ausschreiben. Durch den kommunizierten Zeitvorsprung kann sich der Leser über die kommenden Angebote informieren und diese gleich bestellen. Sein Vorteil ist, dass er früher als die anderen Kunden informiert wird

Die Neugier und das Interesse können aber auch verstärkt werden, wenn der Newsletter ein Thema über mehrere Ausgaben bietet, wie zum Beispiel: "Die Geschichte der europäischen Union in vier Kapiteln.". Zieht der Empfänger über mehrere Ausgaben einen persönlichen Nutzen aus den angebotenen Informationen, so bleibt er eher ein Leser des Newsletters.

Anbieter sollten sich die Zeit für eine intensive Recherche nehmen, um eine Zusammenstellung von nutzenbringenden Themen dauerhaft zu garantieren.

4.7 Spam

Internet-Nutzer werden regelmäßig mit unerwünschten E-Mails (Spam-E-Mail) konfrontiert, die sie nicht bekommen möchten und die nicht interessieren. Nach Aschoff sind Spam-E-Mails:

> „(...)alle kommerziellen E-Mails(...), die massenhaft an Empfänger ohne deren Zustimmung versendet werden, d. h. unverlangt verschickte Marketing- und Werbemails." (Aschoff, 2005, S. 205).

Ändert sich nichts an diesem Sachverhalt, so werden die Empfänger in Zukunft den E-Mail-Anbieter als „Spammer" einstufen und seine E-Mails werden auf der *Blacklist*[15] eines Providers landen.

Newsletteranbieter müssen besonders darauf achten, nicht als „Spammer" zu zählen und im Spamfilter bei Providern oder den Endempfängern zu enden. Es gibt verschiedene Kriterien, die Anbieter berücksichtigen sollten, um nicht vom Spamfilter aussortiert zu werden. Tabelle 4.3 auf der nächsten Seite zeigt die Erfolgskriterien auf.

Werden diese Kriterien vom Anbieter bei der Zustellung eines Newsletters beachtet, so wird die E-Mail für den Spamfilter nicht verdächtig und kommt sicher beim Endempfänger an.

---

[15] Bei Providern eine Liste von Mailservern und E-Mail-Adressen, die wegen Spam-Verdacht blockiert werden (vgl. Schwarz, 2005a, S.193).

	Erfolgskriterien
Einwilligung	Anbieter sollten nur an Adressen mit ausdrücklicher Einwilligung versenden.
Rückläufer	Rückläufer (Bounce) aus dem Verteiler löschen.
Verdächtige Schlüsselwörter	In der Betreffzeile und im gesamten Text bestimmte Reizwörter, kryptische Zeichen, Slogans, Unworte, Abkürzungen oder leere Felder vermeiden. (Bsp. XXX, Super-Special-Angebot, „50 Prozent auf alles!")
Adressen	Den Name des Adressaten korrekt schreiben, eine ernsthafte Absenderadresse wählen und nur an eine aktuelle E-Mail-Adressen-Liste schicken.
Hinweise	Die E-Mail mit Hinweisen auf die Abbestellungsmöglichkeit, Widerspruchsrecht und Datenschutz ausstatten.
Format und Design	Speziell für HTML-E-Mails: viel Farbe und viele Bilder wirken verdächtig. Multipart-E-Mails, PDF-E-Mails oder Text-E-Mails werden dagegen immer zugelassen.
Beschwerdemanagement	Ein Angebot eines Beschwerdemanagements durch eine extra dafür eingerichtete E-Mail-Adresse. Provider erkennen Spam-E-Mails daran, dass in der E-Mail keine Möglichkeit für Beschwerden eingerichtet ist.

Tabelle 4.3: Die Erfolgskriterien, um nicht im Spamfilter zu landen
(vgl. Schwarz, 2005a, S. 164ff.)

5 Anwendung persuasiver Elemente im Newsletter

Dieses Kapitel vereint die bereits vorgestellten Punkte zur Persuasion mit den Newsletter-Bausteinen. Es wird aufgeführt, warum ein Newsletter eine persuasive Technologie sein kann, wo im Newsletter Überzeugungsstrategien Wirkung zeigen und wie die Überzeugungskriterien eingesetzt werden.

5.1 Newsletter als persuasive Technologie

Einer Information zu glauben beeinflusst nicht nur die Einstellung, sondern auch das Handeln des Lesers. Darauf aufbauend liegt es in der subjektiven Wahrnehmung des Empfängers, einzuschätzen, ob der Inhalt wahr oder falsch ist. Gerade die Glaubwürdigkeit spielt bei der Einschätzung eine wichtige Rolle (siehe Abschnitt 3.2.2).

Glaubwürdigkeit eines Newsletters Die angenommene Glaubwürdigkeit (presumed credibility), die auf Voreinstellungen und vorausgesetzten Annahmen des Rezipienten basiert, kann auf den Newsletter vollständig zutreffen. Der Leser kennt den Inhalt des Newsletters nicht, ist aber daran interessiert, da die peripheren Merkmale (Hinweisreize) ihm zusprechen (siehe Abschnitt 2.1.1). So kann die Glaubwürdigkeit gegenüber dem Newsletter groß sein, wenn der Name des Verfassers bekannt ist oder das Unternehmen ein gutes Image trägt. Die Erwartungshaltung und die Neugier kann besonders durch vertrauenserweckende Angaben im Newsletter verstärkt werden, wie etwa die E-Mail-Adresse eines Ansprechpartners oder die postale Adresse. Zeigt der potentielle Leser bereits beim Erstkontakt Interesse, beweist er zu diesem Zeitpunkt angenommene Glaubwürdigkeit gegenüber dem Newsletter. Es ist Aufgabe des Anbieters, diese Einstellung und das entgegengebrachte Vertrauen des potentiellen Kunden aufzugreifen und zu intensivieren.

Oberflächliche Glaubwürdigkeit (surface credibility) hat im gleichen Maße Relevanz für die Glaubwürdigkeit des Newsletters. Auch hier spielt zu Beginn nicht der Inhalt, sondern die Hinweisreize, also die optische Gestaltung des Newsletters eine entscheidende Rolle. Seriös oder vertrauenswürdig erscheint die Farbharmonie (Hintergrund, Schrift), die Schriftart und -größe, die Aufteilung der einzelnen Meldungen, die Bildelemente, die Grafiken oder die Animationen. Besonders unseriös wirkt ein Newsletter mit schwarzem Hintergrund, roter Schrift und vielen Bildern.

Ein Newsletter kann auch Glaubwürdigkeit aufgrund Empfehlungen Dritter (reputed credibility) erhalten. Ist die Person, die den Newsletter gelesen hat und weiterempfiehlt vertrauenswürdig (Freunde, Familie), weist sie eine gewisse Kompetenz auf (Experte im Sachgebiet) oder stellt sie gar Zertifikate für seriöse Newsletteranbieter aus (DDV), kann dies im Besonderen das Vertrauen stärken und die Neugier auf den Newsletter wecken. Bekommt ein Newsletter positive Kritik in Diskussionsforen, so vertieft das ebenfalls die Glaubwürdigkeit basierend auf Meinungen Dritter. Negative Meinungen über den Newsletter bewirken selbstverständlich das Gegenteil.

Die angenommene Glaubwürdigkeit, die oberflächliche und die Glaubwürdigkeit aufgrund Empfehlungen Dritter haben eins gemeinsam, sie entstehen durch Annahmen, optische Aufmachung und Empfehlungen. Die erworbene Glaubwürdigkeit (earned credibility) hingegen beruht auf eigene Erfahrung mit dem Newsletter. Sie kann die sicherste Form sein, einen Newsletter zu beurteilen, da der Leser sich bereits von der Qualität des Newsletters überzeugt hat. Er kennt den Inhalt, ist mit der Aufmachung vertraut und schätzt den gebotenen Mehrwert (siehe Kapitel 4). Der Newsletter hat über einen längeren Zeitraum hinweg beweisen können, dass er die Erwartungen des Lesers erfüllen kann.

Das Einschätzen der Vertrauenswürdigkeit und der Sachkompetenz des Newsletters liegt beim Leser. Newsletteranbieter sollten sich in erster Linie auf den Inhalt konzentrieren, denn die Meldungen sind hier das Wichtigste. Die optische Gestaltung soll den Inhalt nur unterstützen. Hat ein Newsletter uninteressante Themen oder keinen Mehrwert für den Leser, so helfen auch keine grafischen Elemente.

Newsletter als Werkzeug Der Newsletter als persuasive Technologie kann fähig sein, die Glaubwürdigkeit der Leser zu ändern. Als Werkzeug soll der Newsletter seinen Lesern eine Unterstützung beim Lösen ihrer Aufgaben und Vorhaben sein. Nach Fogg gibt es sieben Arten von Werkzeuge, die die Fähigkeiten besitzen, Verhaltensweisen und Einstellungen des Rezipienten zu ändern (siehe Abschnitt 3.1.2). In diesem Kontext werden die Techniken „Reduction", „Tunneling" und „Conditioning" verwendet.

Durch „Reduction" werden komplexe Sachverhalte auf das Wesentliche reduziert. Beim Newsletter drückt sich das durch die Auslagerung weiterführender Inhalte mittels zahlreicher Verlinkungen aus. Die Fortsetzung der Gedanken wird dann oft auf Landing

Pages platziert. „Tunneling" leitet den Benutzer durch einen vorgegebenen Inhalt. Die meisten Leser wollen direkt zu den wichtigen Inhalten geführt werden und nicht lange im Text danach suchen müssen. Ein Hyperlink kann zur Reduktion und Tunnellung der Leser dienen.

Die Interaktion mit dem Newsletter beschränkt sich nicht nur auf Links. Mit dem Einsatz des „Conditioning" kann der Anbieter die Handlungen der Leser konditionieren. Ziel ist es, die Nutzer zum Reagieren zu bewegen. Ihre Taten sollen zur Gewohnheit werden. Positives Feedback in Form von Bestätigungs-E-Mails im privaten Posteingang, insbesondere bei Änderungen im Kundenprofil oder in der persönlichen Themenliste, mobilisiert den Leser zu Wiederholungen der Aktion. Die Operationen werden sicherer und so zur Gewohnheit des Lesers. Durch ein Content Managment System[1](CMS), das mit dem Newsletter in Verbindung steht, haben die Leser die Möglichkeit, eigene Beiträge einzustellen. Der Anbieter kann für die Artikel der Leser eine separate Rubrik einrichten. Diese kann den Erfolg des Newsletters steigern, da die Leser direkt an der inhaltlichen Gestaltung des Newsletters teilhaben. Auch das Angebot von Diskussionsforen, Leserbrief-Rubriken oder die Bildung von Interessengemeinschaften unter den Lesern fördert die Feedback-Bereitschaft. Diese Möglichkeiten wecken ein Gefühl von Zugehörigkeit und konditionieren sie zur weiteren Interaktion mit dem Newsletter.

Newsletter als sozialer Akteur   Der Newsletter dient im gleichen Maße auch als sozialer Akteur. Er ist im Stande, nicht nur durch die Wortwahl und die Bildelemente zu emotionalisieren, sondern durch soziale Reize die Kommunikation zu fördern (siehe Tabelle 3.2). Beispielsweise können simulierte menschliche Gestalten, die mit dem Leser mittels computeranimierter Stimme die Vorlieben und Abneigungen des Zuhörers ansprechen, erfolgreich beim Beeinflussen und Überzeugen sein (siehe Abschnitt 3.1.2). Der Einsatz von Avataren, die persuasiv auf den Empfänger wirken kann gerade beim Newsletter zu einer sozialen Beziehung zwischen Technik und Mensch führen. Sobald der Leser den Avatar anklickt, eröffnet dieser ihm zum Beispiel sein aktuelles Horoskop.

Durch die Emotionalisierung erzeugt durch den Avatar fühlt sich der Anwender eher verpflichtet, zu reagieren. Der Avatar gewinnt an Vertrauenswürdigkeit, denn er wirkt sympatisch und freundlich. Beginnt dieser dann, die Hobbies oder den Geburtstag abzufragen, wird die Zielperson daher eher bereit sein, die Angaben zu leisten.

---

[1]Ein Redaktionssystem, das die gemeinschaftliche Erstellung und Bearbeitung von Inhalten (Text- und Multimedia) ermöglicht und organisiert (vgl. o.V., 2007c).

5.2 Einsatz der psychologischen Überzeugungsstrategien

Commitment und Konsistenz Das Bestreben der Leser nach Commitment und Konsistenz kann im Newsletter auf zwei Arten zu nutze gemacht werden. Eine freundlich formulierte Aufforderung am Ende des Newsletters, kann beispielsweise die Leser dazu animieren, verstärkt auf die Verlinkungen zu klicken. Da die Nutzer in ihren Handlungen konsequent bleiben möchten, werden sie einen Link nach dem anderen besuchen wollen (vgl. Chak, 2002, S. 22).

Commitment und Konsistenz kann aber auch vom Anbieter kommuniziert werden. Bei der visuellen Gestaltung des Newsletters kann es vorteilhaft sein, als Wiedererkennungsmerkmal die Hausfarbe, die Hausschrift und das Logo des Unternehmens in den Newsletter zu integrieren. Der Kunde interpretiert, aufgrund des Wiedererkennungseffekts, nur positive Eigenschaften, wie Seriosität, Ehrlichkeit, Konsistenz im Verhalten und Vertrauenswürdigkeit in das Unternehmen.

Soziale Bewährtheit Die Regel der sozialen Bewährtheit, die Entscheidungen nach dem Verhalten und der Meinung Anderer zu fällen, findet auch in diesem Zusammenhang Relevanz. Steht ein potentieller Leser unmittelbar vor dem Entschluss, einen Newsletter zu abonnieren, wird er sich vorher die Meinungen Dritter einholen wollen. Das Unternehmen kann in diesem Fall die Meinungen der Newsletter-Abonnenten auf der Startseite der Website veröffentlichen. Der potentielle Leser kann sich beim Besuch der Website die Verlinkung anklicken und lesen, was die Newsletter-Nutzer zum Beispiel über die aktuellste Ausgabe des Newsletters geschrieben haben. Durch sein Vertrauen in deren Bewertungskompetenz, wird er seine Entscheidung schneller fällen können, den Newsletter zu abonnieren oder nicht.

Sympathie Die Anwendung der Technik der Sympathie im Newsletter kann sich in eine namentliche Ansprache des Lesers ausdrücken. Werden die Leser mit ihrem Namen angesprochen, so kann ein Gefühl der Zuneigung entstehen. Die Leser schätzen den Anbieter des Newsletters eher als liebenswürdig, freundlich und nett ein, wenn sie im Newsletter ihren Namen lesen.

Darüber hinaus, dass es rechtlich geregelt ist, eine Einwilligung beim Empfänger einzuholen, wirkt es auch sympathiefördernd. Zwischen Empfänger und Unternehmen entsteht eine emotionale Beziehung. Der Empfänger fühlt sich respektiert und vom Anbieter geachtet. Das kann zur Folge haben, dass der Anbieter als angenehm, entgegenkommend und nett angesehen wird. Unter dieser Bedingung kann ein wiederholter Kontakt eher stattfinden.

Knappheit Die Überzeugungsstrategie Knappheit ist eine wichtige Technik für den Newsletter, um die Handlung der Leser zu beeinflussen. Gerade die Betreffzeile bietet sich an, die Taktik Knappheit anzuwenden. Formulierungen, wie „exklusiv nur für Sie!" oder „Gutschein zum sofortigen einlösen!" suggerieren dem Leser, dass die Informationen oder die Produkte wertvoller sein müssen, da sie nicht für jedermann zugänglich sind. Das Gut Information wird als knapp dargestellt und wirkt unentbehrlich. Newsletter können mit Hilfe der „Fristentaktik" durch die Formulierung: „Nur für kurze Zeit: Preis-Hits bei Saisonware." dem Kunden signalisieren, dass die Aktion zeitlich begrenzt ist. Für den Kunden ist es irrelevant, ob er das Produkt oder die Information benötigt, nur der Gedanke, dass er etwas verpassen könnte, veranlaßt ihn dazu, auf den Betreff zu klicken.

Reziprozität Die Reziprozitätsregel kann ebenfalls im Newsletter eingesetzt werden. Ziel des Newsletters sollte es sein, eine reziproke Beziehung aufzubauen (siehe Abschnitt 2.1.2). Beispielsweise kann eine reziproke Beziehung durch ein Gewinnspiel, ein Preisausschreiben oder ein Gratisgeschenk intensiviert werden. Unternehmen können in einer Newsletterausgabe ein Gewinnspiel integrieren, welches Sachprämien mit einer Verlängerung der Leistungen koppelt. Der Kunde möchte in erster Linie am Gewinnspiel teilnehmen, um die Prämien zu erhalten. Für die Teilnahme muss er sich aber Informationen über die einzelnen Leistungen einholen. Im Gegenzug gewinnt das Unternehmen für die einzelnen Leistungen neue Kunden. Gewinnt ein Leser eine Prämie, ist die Bereitschaft größer die Leistungen anzunehmen, um dieses Entgegenkommen zurückzugeben was er angenommen hat.

5.3 Einsatz der Überzeugungskriterien

Kenner Als Überzeugungsträger spielen besonders Kenner für den Newsletter eine große Rolle. Kenner geben ihr Wissen ohne eine Gegenleistung weiter (siehe Abschnitt 2.2.3). In den Newslettern sind sie als Experten in einem Fachgebiet zu finden. Haben Leser eine bestimmte Frage, kann sie der Experte beraten. Das geschieht entweder per E-Mail (die E-Mail-Adresse des Sachkundigen ist im Newsletter veröffentlicht) oder über die Rubrik „häufig gestellte Fragen" (Frequently Asked Questions, FAQ). Dort können sich Leser die Antworten über die am häufigsten gestellten Fragen einholen. In der Regel wird jedoch zu einer Meldung die fachkundige Meinung eines Spezialisten am Ende eines Artikels publiziert.

Verankerungsfaktor Verankerungsfaktoren sind einfache, unauffällige und triviale aber einprägsame Elemente, die die Botschaft des Newsletters unterstützen. Diese Elemente haben die Aufgabe, etwas im Bewusstsein des Verbrauchers unvergessen zu machen. Besonders einprägsam sind die Hausfarben, die Hausschrift und das Logo des Unternehmens. Die Erinnerung an den Inhalt des Newsletters kann gerade durch das Corporate Design (CD) vertieft werden. Der Newsletter sollte dem CD des Unternehmens entsprechen und den Wiedererkennungswert stärken.

Macht der Umstände Die Kernaussage der Macht der Umstände ist, dass Menschen ihren Gemütszustand den Umständen, in denen sie sich befinden, anpassen. Unternehmen nutzen die Macht der Umstände, indem sie im richtigen Moment ihren Newsletter anbieten. Durch gezielte Befragung der potentiellen Kunden erfahren sie von den Lebensumständen und der Lebesumgebung der Empfänger. Mit diesem Wissen ist es dem Anbieter erlaubt, den Newsletter nach den individuellen Bedürfnissen und Vorstellungen der Empfänger zu gestalten. Zum Beispiel können Newsletter während der Schwangerschaft regelmäßig den werdenden Eltern schildern, in welcher Entwicklungsphase sich das Ungeborene gerade befindet.

Der Newsletter ist das ideale Werkzeug zur Berücksichtigung der Lebenszyklusphase. Der Leser (Rentner, Sportler, Student, Berufseinsteiger, werdende Eltern, Arbeitnehmer) kann präziser als sonst angesprochen werden.

6 10 Schritte zu einem persuasiven Newsletter

Das Ziel der Kundengewinnung und der Kundenbindung ist eng mit dem sich ständig zu verbessernden Newsletter und dem Inhalt von Newsletter-Aktionen verknüpft. An dieser Stelle wird ein allgemeines Konzept zur Gestaltung eines Newsletters als persuasive Technologie vorgestellt. Hierbei wird der Vorgang einer Newsletter-Aktion Schritt für Schritt ausgearbeitet. 10 Regeln sollen die Umsetzung der Newsletter-Aktion in der Praxis vereinfachen (siehe Tabelle 6.3).

6.1 Schritt 1: Zielfindung

Ein erfolgreicher Newsletter baut auf einer erfolgreichen Newsletter-Aktion auf. Diese beginnt mit der Identifizierung und Definition der Ziele, die das Unternehmen mit dem Newsletter verfolgt. Die erste Frage ist daher: „Was will der Newsletter erreichen?" Soll er

- den Produktverkauf fördern,
- den Bekanntheitsgrad des Unternehmens steigern,
- die Interaktion zwischen Unternehmen und Kunden unterstützen oder
- das Image der Produkte begünstigen.

Je konkreter die Ziele definiert sind (siehe Abschnitt 4.3), desto genauer ist die Umsetzung der Newsletter-Aktion möglich. Während des gesamten Projekts sind die festgelegten Ziele zur Beurteilung aller aktuellen Maßnahmen heranzuziehen. In regelmäßigen Abständen ist abzuwägen, ob die Maßnahmen im Einzelfall dazu geeignet sind, das Ziel zu erreichen.

Das Unternehmen muss seine kritischen Erfolgsfaktoren herausarbeiten, um dem Kunden den Vorteil und den Mehrwert zu bieten, den die Konkurrenz nicht hat (Unique Selling Proposition[1], USP).

Der nächste Schritt ist die Identifizierung der notwendigen Ressourcen (Personal, Budget, IT-Infrastruktur). Verantwortlichkeiten müssen festgelegt werden, um zu klären, wer für was zuständig ist. Das Team sollte aus einem Projektleiter, Produktmanager, Mitarbeiter der Redaktion, Designer, Texter und IT-Experten gebildet werden. Der Projektleiter ist für die zeitgerechte Einhaltung der einzelnen Schritte zuständig, die er beispielsweise mit dem Einsatz der Netzplantechnik[2] überprüfen kann.

Der Budgetrahmen wird aus den für das Projekt prognostizierten Ausgaben abgeleitet. Sinnvoll ist die Erstellung eines Plans, der die Kosten jeder einzelnen Maßnahme auflistet, um eine Übersicht über die Ausgaben zu behalten. Die meisten Unternehmen leiten ihr Budget für die Newsletter-Aktion von den Erfahrungen des Offline-Marketings ab (vgl. o.V., 2002b).

Die IT-Infrastruktur des Unternehmens muss die für die Aktion benötigten technischen und organisatorischen Voraussetzungen zur Informationsverarbeitung liefern (Hardware, Software, Netzwerke, Räumlichkeiten), die gegebenenfalls für den Anlass aufgerüstet oder gemietet werden müssen.

Anschließend sind die Zielgruppen zu identifizieren. Hierbei wird entschieden, wie der Newsletter personalisiert, individualisiert und segmentiert werden kann. Die Aufteilung der Zielgruppen kann nach Geschlecht, Altersgruppe, Familienstand, Postleitzahlenbereich, Haushaltsnettoeinkommen, Interessen oder Kaufgewohnheiten erfolgen (siehe Abschnitt 4.6.2). Abhängig davon wird festgelegt, in welcher Region oder Länder der Newsletter geschaltet wird und für wie lange.

6.2 Schritt 2: Adressgewinnung

Im Schritt 2 muss festgelegt werden, welche Strategie zur Adressgewinnung umgesetzt wird. In erster Linie sollte das Unternehmen seinen bestehenden Kundenkreis auf den Newsletter aufmerksam machen. Dies ist durch eine kurze Anfrage per E-Mail, per Fax

---

[1] USP ist der einzigartige Wettbewerbsvorteil eines Produktes gegenüber der Konkurrenz (vgl. Berger, o.A.).
[2] Nach DIN 69900 umfasst Netzplantechnik die Projektplanung und -steuerung unter Veranschaulichung logischer Aufeinanderfolge von Vorgängen unter Rücksichtnahme von Zeit, Kosten und Einsatzmitteln (vgl. Engstler, 2004).

oder per Post durchzuführen. Die Anfrage muss die ausdrückliche Erfragung der Einwilligung des Kunden beinhalten. Den Kunden, von denen bereits eine E-Mail-Adresse gespeichert ist, kann zusätzlich eine Newsletterausgabe als Exemplar zugeschickt werden.

Eine weitere Art E-Mail-Adressen zu gewinnen ist, die Besucher der Website auf den Newsletter aufmerksam zu machen. Dafür soll die Anmeldeoption des Newsletters visuell auffällig aber nicht aufdringlich auf der Startseite der Website positioniert sein. Durch einen Klick auf den Schriftzug „Newsletter" kann sich ein Popup-Fenster öffnen. Ohne großen Aufwand wird der Leser seine persönlichen Daten eintragen können. Neben Anwendern, die gezielt den Newsletter abonnieren wollen, werden so auch Besucher mit anderen Absichten darauf aufmerksam gemacht, sich eventuell den Newsletter zu bestellen. Hier wird die Überzeugungsstrategie Sympathie eingesetzt (siehe Tabelle 6.3, Regel 1). Beispielsweise kann das Unternehmen

Abschließend wird in Schritt 2 eine Kundenadressendatenbank mit den gesammelten E-Mail-Adressen über die Kunden angelegt. Wenn weitere Daten über den Empfänger vorhanden sind, sollten diese ebenfalls ins Kundenprofil aufgenommen werden.

6.3 Schritt 3: Newslettergestaltung

Die Newslettergestaltung baut sich aus den Bausteinen Betreffzeile, Absenderadresse, Inhalt, Design und Verlinkung zusammen. Auch hier ist es sinnvoll, die vorgesehene Reihenfolge einzuhalten. Schritt 3 beinhaltet die meisten Überzeugungsstrategien und Kriterien, die in den Abschnitten 5.2 und 5.3 erläutert wurden. Daher findet der Leser am Ende dieses Schritts eine „Checkbox" der wichtigsten Punkte mit den zu erwartenden persuasiven Strategien und Kriterien.

Betreffzeile Die konkreten Bausteine Inhalt und Struktur sind nach den Interessen und Bedürfnissen der Zielgruppe auszurichten. Erster Schritt ist hierbei die zielgruppenspezifische Formulierung der Betreffzeile. Sie ist das erste Element, was der Leser vom Newsletter zu sehen bekommt. Das wichtigste Argument des Newsletters steht daher im Betreff. Die Betreffzeile ist knapp und sachlich aber spannend zu verfassen. Nach Ausformulierung, Rechtschreib- und Grammatikprüfung wird sie auf Länge, Überzeugungskraft und Aussage überprüft, um anschließend freigegeben zu werden. An dieser Stelle wird das Knappheitsprinzip angewendet (siehe Tabelle 6.3, Regel 3).

Absenderadresse Die Absender-E-Mail-Adresse ist das nächste Element, welches Gewissenhaftigkeit verlangt. Sie muss aussagekräftig und funktonstüchtig sein, um keinen unseriösen Eindruck beim Empfänger zu hinterlassen. Der Empfänger muss sofort erkennen, um welchen Abesnder es sich handelt. Als vertrauensbildende Maßnahme sollte neben der Absenderadresse eine Telefonnummer, Faxnummer, Postadresse oder Durchwahl eines Ansprechpartners aufgeführt werden. Hier ist die Überezeugungsstrategie Sympathie anzuwenden (siehe Tabelle 6.3, Regel 2).

Inhalt Vor dem eigentlichen Text muss der Newsletter den Nutzer darauf hinweisen, warum er angeschrieben wird. Das hilft dem Empfänger ebenfalls beim identifizieren des Absenders und dient zur Abgrenzung von Spam-Mails. Hier wird wiederholt die Taktik der Sympahtie angewendet.

Der einleitende Teil (Editorial) ist persönlich zu formulieren. Aus diesem Grund muss in der Datenbank ein Platzhalter für personalisierte Ansprache eingefügt werden. Abhängig von der Zielgruppe ist die Wortwahl anzupassen.

Beginnen sollte der Newsletter mit der wichtigsten Meldung, die kurz und knapp zu formulieren ist. Der Newsletter sollte erst in den darauffolgenden Artikeln ins Detail gehen. Ausserdem ist die wichtigste Meldung in der Betreffzeile zu sehen und wird gerde deswegen vom Leser an erster Stelle erwartet. Diese Aufteilung hilft dem Schnellleser alles wichtige in Kürze zu erfassen (vgl. Schwarz, 2005a).

Die Textbausteine sollten im Voraus verfasst und abgespeichert werden. Bei der Segmentierung und der Individualisierung erleichtert dies die spätere Zusammenstellung des Newsletters. Die Textbausteine können auch nach den Lebenszyklusphasen der Empfänger verfasst werden. So ist eine Segmentierung nach den Gruppen, wie etwa: werdende Eltern, Student oder Rentner möglich. Hier wird die Strategie der Macht der Umstände angewendet (siehe Tabelle 6.3, Regel 10).

Ein bedeutsamer Schritt ist die treffsichere Formulierung der Meldungen. Der Inhalt darf nicht aufdringlich klingen, sondern muss knapp und objektiv abgefasst werden. Der Leser muss durch die Botschaft der Meldung überzeugt werden. Jeder Satz soll nur *einen* inhaltlichen Schwerpunkt haben und einfach strukturiert sein. Hilfsverben, wie „haben", „werden" oder „sein" und Füllwörter, wie „nunmehr", „dahingehend" oder „an sich" sind zu vermeiden und Fremdwörter sind einzuschränken (vgl. Manhartsberger und Musil, 2001, S. 200). Die Sätze sind positiv zu formulieren, wie etwa: „Nur bei uns erhalten Sie eine Geld-zurück-Garantie!", anstatt „Bei uns gehen Sie kein Risiko ein!" (vgl. Aschoff, 2005, S. 252), um den Kundennutzen (Mehrwert) herauszustellen.

Der Stil der Sätze soll aktiv sein und im Präsens formuliert. Anstelle dem allgemeinen „man" und dem persönlichen „du" muss der Kunde höflich mit „Sie" angesprochen werden. Abhängig vom Inhalt und der Zielgruppe ist auch das „du" akzeptabel. Wichtig ist aber, dass der Leser direkt und persönlich angesprochen wird und nicht im pluralem „ihr" oder „euch".

Die Verwendung von Schlüsselbegriffen (Produktname, Slogans, Phrasen, Fachbegriffe) und Reizwörtern (exklusiv, Extra, Geschenk, Gratis, heute, kostenlos, neu, sofort, Sonderangebot, sparen) sind erwünscht, da sie die Konzentration des Kunden auf den Kern des Newsletters lenken (vgl. Aschoff, 2005, S. 252).

Der Text soll potenzielle Fragen der Leser vorwegnehmen und beantworten können. Doppelte Verneinungen sind zu vermeiden, wie etwa: „Sind Sie sicher, dass Sie das Newsletter-Abonnement nicht mehr möchten?". Eine klare Aussage, wie: „Sind Sie sicher, dass Sie das Newsletter-Abonnement löschen möchten?" vereinfacht die Kommunikation und Interaktion mit dem Empfänger.

Bei Abkürzungen dürfen nur allgemein bekannte Kurzbezeichnungen verwendet werden, wie: „Tel." oder „PLZ". Generell sind Abkürzungen klar zu vermeiden, da es nicht sicher ist, ob alle Leser diese kennen.

Abschließend wird der komplette Text auf Rechtschreibung, Grammatik, Verständlichkeit und Zielausrichtung überprüft (vgl. Schwarz, 2005a, S. 64). Zur zusätzlichen Kontrolle kann er von Dritten gegengelesen werden, um anschließend freigegeben zu werden.

Zusätzlich ist es möglich, Expertenmeinungen zur Kernaussage im Newsletter zu integrieren. Entweder wird in Form eines kurzen Interviews die Meinung des Fachspezialisten dargestellt oder sie wird am Ende eines Artikels als Referenz aufgezeigt. Diese Methode kann zur Aufwertung des Textes dienen. Hier treten die Experten als Kenner auf, um den Leser zu überzeugen (siehe Tabelle 6.3, Regel 9).

Es ist aber auch von Vorteil, die Meinungen anderer Leser zu veröffentlichen. Diese Meinungen können im Newsletter augenommen werden. Sie können aber auch auf die Website des Unternehmens ausgelagert werden. Hier wird nun die Taktik der sozialen Bewährtheit angwendet (siehe Tabelle 6.3, Regel 7).

Auch für den Newsletterinhalt ausgestellte Zertifikate sind eine gute Methode zur Aufwertung des Inhalts. Besonders die Auszeichnungen vertrauenswürdiger Institutionen sollten auffällig im Newsletter platziert werden.

Sind Umfragen geplant, sollten sie in den Newsletter eingebaut werden. Diese sind mit einem Gewinnspiel, einer Verlosung oder einem Gratisgeschenk zu kopplen. Leser sind so eher motiviert, an der Umfrage teilzunehmen. Hier kommt die Reziprozitätsregel zum Einsatz (siehe Tabelle 6.3, Regel 8).

Der letzte Schritt ist die richtige Platzierung der Abmeldefunktion. Sie muss auf jeden Fall vorhanden sein, um eine gewisse Seriosität des Newsletters zu kommunizieren. Diese "unsubscribe-Option" sollte am Ende des Newsletters erscheinen, um den Lesefluss nicht zu unterbrechen. Dort muss sie auffällig platziert werden, damit auch Querleser sie erfassen können. Es ist wichtig, dass eine Verlinkung vorhanden ist, die den Abmeldevorgang vereinfacht. Diese Verlinkung muss funktionsfähig sein. Ein Hyperlink begünstigt den Vorgang, der dirket zur Abmeldeseite führen sollte

Bei der Abmeldung sollte der Leser nicht durch Überzeugungsstrategien oder Kriterien am Abmelden gehindert oder beeinflusst werden. Hat sich der Empfänger dazu entschlossen, sich aus der Verteilerliste zu streichen, muss dieser Wunsch akzeptiert werden (siehe Tabelle 6.3, Regel 6).

Design   Oft wird die Bedeutsamkeit der optischen Struktur für die Lesbarkeit eines Textes auf dem Bildschirm unterschätzt. Die Geschwindigkeit, mit der ein Leser eine Information im Newsletter findet, basiert auf dem Sichtbaren. Um Aufmerksamkeit zu erlangen, kann zu Beginn des Newsletters mit Teasern[3] gearbeitet werden. Sie sollen den User dazu animieren, zu scrollen oder auf sie zu klicken.

Ein Text ist gut lesbar und verständlich, wenn die Zeilen nicht zu lang oder zu kurz sind. Eine ideale Textbreite liegt daher zwischen 26 Zeichen und 70 Zeichen (vgl. Manhartsberger und Musil, 2001, S. 204). Der Lesefluss kann durch ausreichend Leerzeilen, Einrahmungen beispielsweise mit Pluszeichen, Hervorhebungen durch Großbuchstaben oder Trennlinien durch Bindestriche optimiert werden.

Der Textfluss darf nicht durch Spalten unterbrochen werden, sonst wird der User zum auf- und abscrollen gezwungen. Diese Art ist nur bei Printmedien üblich und nicht in digitalen Produkten einzusetzen. Zur besseren Übersicht dient eine stichwortartige Aufzählung eher als ein Fließtext. Unterstützt durch kurze Überschriften, kurzen Wörtern und einer klaren Gliederung der Themen mittels Zwischenüberschriften oder Leerzeilen ist der Newsletter überschaubarer.

Da das HTML-Format die am häufigsten angewendete Technik ist, wird hier detailliert auf die visuelle Gestaltung eines HTML-Newsletters eingegangen.

Eine gute Leserführung ist auch hier durch signifikante Einstiegspunkte (Titel, Vorspann, Einleitung, Zwischenüberschriften, Leerzeilen, Linien, Schatten, Textkästen) zu erzielen (vgl. Aschoff, 2005, S. 252). Bei der Formatierung der Elemente ist auf die

---

[3]Ein Teaser ist eine visuelle auffällige Erscheinung, wie Grafik, Logo, blinkender Schriftzug und dient damit „Blickfänger" (vgl. Janssen, 2004).

Darstellung der Sonderzeichen und die Umsetzung der Umlaute zu achten. Zur Kontrastierung bei den Proportionen ist der Haupttext in größerer Schrift als die Nebenmeldungen zu setzen. Die Schriftgröße sollte bei HTML-Format nicht unter 10 Punkt liegen (vgl. Aschoff, 2005, S. 252). Die Wahl der Schriftart sollte sich auf Standardschriften beschränken. Die Typographie muss lesbar sein, das heißt nur ein minimaler Einsatz von Versalien[4] und keine Serifen[5] verwenden. Texte am Bildschirm sollten nur in serifenloser Schrift, wie „Arial", angezeigt werden. Durch die geringe Auflösung der Monitore wird Serifenschrift, wie „Times New Roman" nicht exakt dargestellt (Treppeneffekt) (vgl. Manhartsberger und Musil, 2001, S.198). Abbildung 6.1 stellt die zwei gegensätzlichen Schriftarten gegenüber.

Serifenlose Schrift: Serifenschrift:
Arial   Times New Roman

Abbildung 6.1: Gegenüberstellung der zwei Standardschriftarten

Beim Wunsch, Textteile zusätzlich hervorzuheben, sollte auf „kursiv" verzichtet werden, da es am Monitor unscharf dargestellt wird. Auch das Unterstreichen der Hauptaussagen und -argumente ist zu vermeiden, da diese Einstellung für Links reserviert ist (vgl. Manhartsberger und Musil, 2001, S. 199). Zum Akzentuieren der Aussagen, sollten diese in „fett" abgebildet werden.

Die Bildelemente haben allein die Aufgabe, die Aussagen der Meldungen visuell zu unterstützen. Daher ist zu beachten, dass nur wenige kleine Abbildungen vorhanden sind, die minimal Details beinhalten (vgl. Manhartsberger und Musil, 2001, S. 184). Bei Online-HTML (siehe Abschnitt 4.5.1) muss darauf geachtet werden, dass die Bilder mit beschreibenden Alternativtexten[6] versehen sind, falls sie nicht nachgeladen werden können (vgl. Manhartsberger und Musil, 2001, S. 180).

Bei HTML-E-Mails ist auf eine angenehme Farbharmonie zu achten. Die Wirkung und Überzeugungsfähigkeit der Farben wird oft unterschätzt. Unterschiedliche Farben zum

---

[4] Versalie werden auch Majuskel genannt. Das ist eine Schrift, in der alle Buchstaben groß dargestellt werden (vgl. o.V., 2002a).
[5] Serifen sind kleine Striche oder Begrenzungen an den Enden der Buchstaben (vgl. Manhartsberger und Musil, 2001, S. 198).
[6] Alternativtexte oder auch Alt-Tags enthalten einen alternativen Text, der die fehlende Grafik beschreibt (vgl. Schräpler, 2007).

optischen Aufteilen der Rubriken sind zu verwenden. Es wirkt aber unübersichtlich, wenn mehr als zehn Farben nebeneinander abgebildet werden. In erster Linie muss ein Kontrast zwischen Hintergrund und Schrift sichtbar sein. Hier ist eine schwarze Schrift auf weißem Grund (Positivdarstellung) empfehlenswert. Die Schrift wird schlecht wahrgenommen, wenn eine helle Schrift auf dunklem Grund (Negativdarstellung) gewählt wird (vgl. Manhartsberger und Musil, 2001, S. 195). Es sollten Kombinationen von Farben, wie etwa

- gelb und weiß,
- blau und rot oder
- grün und lila

vermieden werden (vgl. Manhartsberger und Musil, 2001, S. 195). Gerade die Zusammensetzung dieser Farben lässt die Buchstaben unleserlich erscheinen (vgl. Manhartsberger und Musil, 2001, S. 195). Für den Hintergrund sollten keine Muster oder Bilder verwendet werden. Auch sie könnten vom Inhalt ablenken. Weiter ist auf die Helligkeit und Sättigung der Farben zu achten. Zu starke Farben und zu viele Elemente wirken aufdringlich und störend.

Als nächstes muss der Effekt der Farben auf verschiedenen Bildschirmen und Betriebsystemen getestet werden. Ist die Darstellung, wie erwünscht, kann die Farbgebung freigegeben werden.

Im Newsletter animierte Elemente, Videos oder Ton führen dazu, dass die Aufmerksamkeit vom eigentlichen Inhalt abgelenkt wird. Will der Anbieter auf diese Elemente nicht verzichten sollte er sparsam damit umgehen. Ein blinkender Text, ein animiertes Kästchen oder eine Laufschrift sollten nie gleichzeitig im Newsletter eingesetzt werden. Tabbelle 6.1 auf der nächsten Seite zeigt die allgemeinen Designrichtlinien für Animationen auf, die ebenfalls im Newsletter zur Anwendung kommen können.

Der Newsletter sollte die Hausfarbe, die Hausschrift und das Logo des Unternehmens verwenden. Diese Elemente dienen als visuelle Wiedererkennungsmerkmale für den Leser und kommunizieren das CD des Unternehmens. Hier wird der Verankerungsfaktor als persuasives Kriterium eingesetzt (siehe Tabelle 6.3, Regel 4).

Verlinkung Eine persuasive Technologie setzt immer eine Interaktion mit dem Computer voraus. Die Interaktivität wird beim Newsletter durch Hyperlinks ausgedrückt. Hyperlinks haben daher die Aufgabe

- eine Frage zu beantworten,

Designrichtlinien für Animationen	
Glatte Bewegung	Die Animation sollte fließend und nicht ruckartig sein.
Verfolgbare Bewegung	Langsame Bewegungen werden eher vom User erkannt als ein schneller Wechsel.
Regelmäßigkeiten	Regelmäßig wiederkehrende Bewegungen wirken ruhiger (Beim Blinkeffekt sollte das Erscheinen und Verschwinden der Animation gleich lang sein).
Richtung	Die Animation sollte fest an einem Ort bleiben.
Möglichkeit zum Ein- und Ausschalten	Im Newsletter sollte die Möglichkeit zum Abstellen der Animation gegeben sein.

Tabelle 6.1: Designrichtlinien für Animationen
(vgl. Manhartsberger und Musil, 2001, S. 188)

- weiterführende Informationen zu einem Artikel zu geben,

- den Lesern die Möglichkeit anzubieten, sich für einen bestimmten Service zu registrieren und

- zu einer Produktbeschreibung zu führen.

Es ist eine inhaltliche Formulierung und eine optische Gestaltung des Links vorzunehmen. Inhaltlich soll der Link sachlich aber nicht zu genau informieren, um eine Spannung beim Leser zu erzeugen. Der Empfänger soll den Mehrwert erkennen, der sich hinter dem Link verbirgt (vgl. Aschoff, 2005, S. 249). Grundsätzlich sollen im Text alle Elemente verlinkt werden, an dem das Auge hängen bleibt (Eye-Catcher[7]). Das bedeutet, das die Überschriften gleich den Produktfotos mit Links zu hinterlegen sind. Zum Beispiel kann ein simulierter Cursor in einem Produktbild dem Leser signalisieren, dass es verlinkt ist. Links können durch die visuelle Unterstützung eher angeklickt werden (vgl. Aschoff, 2005, S. 250). Hier wird die Technik der Commitment und Konsistenz angewendet.

---

[7]Eye-Catcher sind visuelle Elemente, die die Aufmerksamkeit auf sich ziehen (vgl. Wirth, 2002, S. 191).

Die Mindestlänge einer Verlinkung soll vier Zeichen haben und ein ganzes Wort sein. Sie sollte nicht über zwei Zeilen gehen sonst könnte der Eindruck entstehen, dass es zwei Links sind (vgl. Manhartsberger und Musil, 2001, S. 203).

Die Links im Newsletter sollen eine andere Farbe haben als der übrige Text. Hier lohnt sich der Einsatz der Standardfarben, die der Browser verwendet. Nicht besuchte Links sind blau, wohingegen bereits besuchte Links zur Unterscheidung violett dargstellt werden (vgl. Manhartsberger und Musil, 2001, S. 196). Verlinkungen können als komplette Uniform Resource Locator (URL) dargestellt oder mit einem Begriff repräsentiert werden. Die E-Mails im Text-Format verwenden ausschließlich die ausgeschriebene Adresse, wobei das Übertragungsprotokoll „http://" dabei stehen muss, um vom E-Mail-Programm als Link erkannt zu werden.

Die Verwendung von zusätzlichen Hinweisen, wie „Klicken Sie hier" oder „Um zum Text zu gelangen, klicken Sie bitte hier" unterstützen das Klickverhalten des Lesers. Dabei wird nur das Wort „hier" hinterlegt. Auch soll der Einsatz der Hinweise gering sein, denn erfahrene Leser wissen, dass unterstrichene und farblich hervorgehobene Wörter verlinkt sind (vgl. Manhartsberger und Musil, 2001, S. 202). Grundsätzlich sind Links immer optisch hervorzuheben, denn Visualisierung ist die Grundregel der Mensch-Computer-Interaktion. Ist ein User gezwungen, sich Links zu merken, widerspricht das dem Grundsatz der Regel (vgl. Manhartsberger und Musil, 2001, S. 196).

Ein nächster wichtiger Schritt ist die Gestaltung der Landing Page. Sie hat die Aufgabe die Leser mit den relevanten und interessanten Informationen, die in der E-Mail nur angerissen wurden, ausreichend zu versorgen. Eine informative Landing Page ist wichtig, da der Kunde dort entschiedet, ob es sich für ihn lohnt, den Newsletter weiterhin zu erhalten oder nicht (vgl. Aschoff, 2005, S. 79f). Die Tabelle 6.2 auf der nächsten Seite stellt die kritischen Faktoren für den Erfolg einer Landing Page vor.

Eine Landing Page muss es dem Kunden erleichtern, relevante Informationen einzuholen. So kann das Unternehmen ein Produktfoto mit einem Link hinterlegen, welches direkt zur Beschreibung des Buches und zur Bestellung führt.

Generell gilt bei der Gestaltung des Newsletterinhalts, dass die Botschaft der Meldungen wichtiger sind, als die optische Gestaltung („Form follows function") (vgl. Aschoff, 2005, S. 251). Die Bilder, Grafiken und Animationen sollen die Aussage des Textes nur visuell unterstützen.

Die folgende „Checkbox" hat die wichtigsten Regeln bei der Gestaltung eines erfolgreichen Newsletter als persuasive Technologie zusammengestellt. Neben den Regeln sind die zu erwartenden Überzeugungsstrategien zugeordnet worden.

	Landing Page Gestaltung
inhaltlich	Aktivierende Überschrift, deutlich erkennbarer Bezug zur ausgehenden E-Mail, persönliche Ansprache des Besuchers, Produktbeschreibung auf einen Blick aber detailliert (Fließtext/Aufzählung), Preise der Leistungen aufzeigen, Bestellmöglichkeiten erläutern, individuelle Kontaktaufnahme verdeutlichen, Impressum angeben, einen Link auf die allgemeinen Geschäftsbedingungen einrichten, weitere Angebote des Unbternehmens vorstellen
optisch	Produktabbildungen (Produkte oder Dienstleistungen) dienen als visuelle Unterstützung, die Landing Page soll wie der Newsletter gestaltet werden, um dem Leser als Wiedererkennungsmerkmal zu dienen (kommunizieren der CI durch Farbe, Schriftart, Schriftgröße, Logo und Struktur)

Tabelle 6.2: Landing Page Gestaltung
(vgl. o.V., 2002b) und (vgl. Aschoff, 2005, S. 79f.)

6.4 Schritt 4: Versandvorbereitung

Die Basis einer guten und qualitativen Newsletter-Aktion ist eine große, funktionstüchtige, gepflegte und aktuelle Datenbank. Da eine Segmentierung nur duchgeführt werden kann, wenn genug Informationen über den Empfänger vorhanden ist, muss neben der E-Mail-Adresse zusätzlich das Kaufverhalten, die Produktpräferenzen oder die persönlichen Daten eingeholt werden (siehe Abschnitt 6.2). Der Verteiler ist dann danach einzurichten. Anschließend sind die Felder für die Personalisierung und Individualisierung in der Datenbank einzustellen. Für die Personalisierung muss ein Feld für die geschlechtsabhängige Ansprache (Herr, Frau) und ein Feld für den Nachnamen freigehalten werden. Die inhaltliche Individualisierung erfordert die Verwendung der vorher verfassten Textbausteine (siehe Abschnitt 6.3). Diese werden nach dem gespeicherten Kundenprofil zusammengestellt. Vor dem Aktivieren des E-Mail-Verteilers mus überprüft werden, ob auch alle abgemeldeten E-Mail-Adressen gestrichen wurden und nur die Neuanmeldungen im Verteiler vorhanden sind. Danach ist die Versandfrequenz und der Versandzeitpunkt festzulegen und einzurichten. Hat der Kunde eine zeitliche Individualisierung bei der anmedlung angegeben, so wird sie hier berücksichtigt.

CHECKBOX		
Regel	Beschreibung	Überzeugungsstrategie
Regel 1	Keinen Newsletter ohne Einwilligung des Empfängers versenden.	Sympathie
Regel 2	Dem Empfänger mit der Absenderadresse deutlich aufzeigen, wer der Absender des Newsletters ist.	Sympathie
Regel 3	In der Betreffzeile das Thema des Newsletters und zusätzlich einen Aufhänger nennen!	Knappheit
Regel 4	Das Corporate Design im Newsletter verwenden.	Verankerungsfaktor
Regel 5	Freundliche und knappe Aufforderung formulieren, die den Leser zu weiteren Klicks auf Verlinkungen motiviert!	Commitment und Konsistenz
Regel 6	Dem Empfänger eine einfach zu handhabende Abmeldefunktion anbieten!	*Hier keine Überzeugungsstrategie anwenden!*
Regel 7	Positive Meinungen anderer Leser auf der Homepage veröffentlichen!	Soziale Bewährtheit
Regel 8	Den Einsatz von Umfragen mit Gewinnspielen koppeln!	Reziprozität
Regel 9	Expertenmeinungen zum Thema im Newsletter integrieren!	Kenner
Regel 10	Die Inhalte des Newsletters individualisieren!	Macht der Umstände

Tabelle 6.3: Die zehn Regeln eines erfolgreichen Newsletters als persuasive Technologie

Zuletzt wird noch das Bouncemanagement[8] für die Absenderadresse aktiviert und diese auf funktionsfähig geschaltet. Sollen Links gemessen werden, müssen sie nach den Vorgaben des E-Mail-Versandsystems codiert werden. Befinden sich HTML-Bildelemente im Newsletter (Offline- oder Online-HTML), müssen diese auf einem Webserver bereitgestellt werden.

6.5 Schritt 5: Testphase

Der wichtigste Schritt für einen reibungslosen Ablauf ist die Testphase. Hier werden unterschiedlichste Tests in den verschiedensten Bereichen vorgenommen.

Der technische Test beleuchtet die korrekte Implementierung in die vorgegebene IT-Infrastruktur, in die Webseite (Anmeldemöglichkeit) und die Umsetzung der Inhalte und Schnittstellen. Geprüft wird auch die Funktionsweise der Absenderadresse und der Bestätigungs-E-Mails bei „Confirmed-Opt-in-Verfahren" und „Double-Opt-in-Verfahren" (siehe Abschnitt 4.6.1). Zusätzlich wird die Personalisierung getestet, ob die Erkennung von männlich oder weiblich funktioniert und ob der Titel und der Nachname des Empfängers identifiziert werden. Die inhaltliche Individualisierung wird auf Vorhandensein der variablen und optionalen Textbausteine in Abhängigkeit des Profils des E-Mail-Empfängers kontrolliert. Der E-Mail-Verteiler wird ebenfalls auf korrekte Segmentierung abhängig der Zielgruppe dahingehend inspiziert, ob er auch unterschiedliche Inhalte an die Adressen liefert. Beurteilt wird insbesondere die Funktionalität der Abmelde-Links im Newsletter, ob sie zur richtigen Seite führen. Es muss überprüft werden ob dabei das Link Tracking aktiviert ist. Zuletzt müssen eventuelle Dateianhänge auf Funktion und Virenfreiheit begutachtet werden (vgl. o.V., 2002c).

Als nächstes wird der Test der optischen Darstellung durchgeführt. Mit verschiedenen E-Mail-Clients (Outlook, Thunderbird, T-Online, AOL) und unter verschiedenen Betriebssystemen (Windows, MacOS, Linux) wird getestet, ob sich die Darstellung des Newsletters auch nicht verändert. Bei textbasierten E-Mail-Newslettern wird die Präsentation der Zeilenumbrüche, Leerzeilen, Umlaute und Sonderzeichen gestestet. Das HTML-Format erfordert weiter eine Kontrolle der Schriftart, Schriftgröße, Formatierung, Farben und Bildelemente (vgl. Aschoff, 2005, S. 255).

Der Inhalts- und Formulierungstest evaluiert das Vorhandensein eventueller Dateianhänge und des Abmeldehinweises. Gerade die Wirkung der Betreffzeile muss kontrol-

---

[8]Bounce sind automatisierte rückmeldungen auf eingehende E-Mails (vgl. Aschoff, 2005, S. 188). Das Bouncemanagement ist ein automatisierte Bearbeitung von Rückläufern. E-Mail-Adrssen die einen Rückläufer produzieren, werden aus dem Verteiler gelöscht (vgl. Aschoff, 2005, S. 193).

liert werden. Welcher Betreff am Besten bei den Lesern ankommt, klärt eine stichprobenähnliche Versendung des Newsletters. Beispielsweise kann der Anbieter an zehn Prozent des E-Mail-Verteilers die Betreffzeile A und an weitere zehn Prozent die Betreffzeile B senden. Nach einer Zeit wird die Klickrate gemessen und diejenige Betreffzeile freigegeben, die die höchste Öffnungsrate besaß (vgl. o.V., 2002c). Was für die Betreffzeile durchgeführt wurde, kann auch mit dem gesamten Inhalt und dem Layout vorgenommen werden. Beispielsweise kann an zehn Prozent der Empfänger ein Newsletter mit weniger Text und mehr verlinkten Bildern und an weitere zehn Prozent ein Newsletter mit komplettem Fließtext und wenigen unverlinkten Bildern, gesendet werden (vgl. o.V., 2002d).

Als nächster Schritt ist der Abgleich mit den relevanten und zutreffenden Gesetzestexten und Richtlinien wichtig. Die rechtliche Prüfung kann bei Unsicherheit ein Experte für Datenschutz-, Teledienst-, Wettbewerbs- und Handelsrecht vornehmen (siehe Kapitel 4.4).

Zum Schluss ist die exakte Zustellung des Newsletters über Test-Accounts bei den Internet- und E-Mail-Service-Providern zu testen (vgl. o.V., 2002c).

6.6 Schritt 6: Versandfreigabe

Sind alle Tests erfolgreich durchgeführt worden, kann der Newsletter zum festgelegten Zeitpunkt an den vordefinierten E-Mail-Verteiler mit der gewünschten Personalisierung, inhaltlichen und zeitlichen Individualisierung zum Versand freigegeben werden.

6.7 Schritt 7: Durchführung

Auch wenn der Start des Newsletters gut ist, sollte der Anbieter sich auf unvorhersehbare Ereignisse vorbereiten. Es können spontane Schwierigkeiten in den Punkten Versand, Darstellung, Projketdauer oder IT-Infrastruktur auftauchen.

Es kann passieren, dass der Newsletter an E-Mail-Adressen versendet wird, die nicht ihre Erlaubnis gegeben haben. Um das Eintragen in die „Blacklist" zu verhindern, müssen diese übersehenen Adressen unmittelbar aus dem E-Mail-Verteiler entfernt werden. Auch die Darstellung der Bildelemente muss regelmäßig geprüft werden. Es ist möglich, dass die Verbindung zum Web-Server, auf dem die Bilder gespeichert sind, gestört ist. Der Projektleiter hat die Verantwortung über die Projektdauer zu tragen. Wird das

Projekt den vorgegebenen Zeitrahmen nicht einhalten können, muss neu über die Budgetierung gesprochen werden. Bei der Budgetverteilung muss auch mit Ausfällen der Hardware oder Software gerechnet werden. Während der Durchführung des Projekts sind die Kosten regelmäßig zu kontrollieren.

6.8 Schritt 8: Evaluation

Nach einer erfolgreichen Durchführung der Newsletter-Aktion, ist der nächste wichtige Schritt die Evaluation des Newsletters. Hierbei wird die Frage gestellt, wie der Erfolg des Newsletters messbar gemacht werden kann. Ausgehend von den Zielen aus Kapitel 4.3, wie etwa Steigerung des Bekanntheitsgrades und des Image, Neukundengewinnung und Kundenbindung, lässt sich der Newsletter nach folgenden Kriterien evaluieren. Bewertet wird nach

- den Standardkriterien (Normenkatalog),
- den Kriterien der Lesbarkeit (Legibility) und der Textverständlichkeit (Readability)
- den Kriterien der Kommunikationspsychologie und
- den Kriterien der Persuasion.

Als Standardkriterien wird in diesem Zusammenhang die Normenreihe *DIN EN ISO 9241-10, Prinzipien der Dialoggestaltung* herangezogen. Sie beinhaltet die grundlegenden Richtlinien der Benutzerfreundlichkeit (Usability), wie Aufgabenangemessenheit, Selbsterklärbarkeit, Steuerbarkeit, Erwartungskonformität, Fehlertoleranz, Individualisierbarkeit und Lernförderlichkeit (vgl. Heidmann, 2004). Sie findet überwiegend bei der Evaluation von Websites Anwendung, ist aber vollständig auf den Newsletter übertragbar.

Eine inhaltliche Evaluation erfordert einen beträchtlichen Zeitaufwand und ist nicht mit letzter Sicherheit zu leisten. Die Kriterien Lesbarkeit (legibility) und Textverständlichkeit (readability) sind dabei die zentralen Evaluationsfaktoren. Es ist zu prüfen, ob der Newsletter die Ansprüche der optischen Gestaltung erfüllt und ob die Meldungen des Newsletters schnell zu erfassen und von der Zielgruppe zu verstehen sind (siehe Abschnitt 4.5).

Der Newsletter wird auch nach den kommunikationspsychologischen Kriterien, wie den Mehrwert der Texte für die Zielgruppe (siehe Abschnitt 4.6.4), der Personalisierung und

Individualisierung des Newsletters (siehe Abschnitt 4.6.3) und der Glaubwürdigkeit des Inhalts (siehe Abschnitt 3.2) evaluiert. In Labortests werden Probanden beobachtet, wie sie den Test-Newsletter lesen. Durch diese Beobachtug soll herausfinden, ob die Botschaften der Meldungen richtig interpretiert oder gar komplett Missverstanden werden.

Zuletzt wird der Newsletter nach den Kriterien der Persuasion geprüft. Überzeugung ist eine subjektive Einstellung, die vom Menschen abhängig ist. Der Leser eines Newsletters nimmt demnach den Newsletter subjektiv wahr und beurteilt ihn nach seinen Kriterien. Dennoch kann Überzeugung durch direkte und indirekte Zahlen gemessen werden.

direkt	Online-Umfrage, Labortests, Empirische Sozialforschung (Interviews)
indirekt	Link-Tracking, Besucherzahl der Homepage, Verkaufszahlen,

Um zu erfahren, ob der Newsletter überzeugt, ist es möglich, Online-Umfragen zu starten. Sie sollten im Newsletter oder auf der Homepage gut leserlich im oberen Bereich (Editorialbereich) oder links im Bereich des Inhaltsverzeichnisses untergebracht sein.

Die Umfrage sollte Fragen enthalten, wie: "Würden Sie diesen Newsletter weiterhin lesen?" „Fühlen Sie sich vom Inhalt angesprochen?" „Finden Sie gefallen and den Meldungen?" „Was würden Sie im Newsletter gerne lesen?". Das Problem, das sich durch eine Umfrage ergib, ist, die Menschen davon zu überzeugen daran teilzunehmen. Gekoppelt mit einem Gewinnspiel ist jedoch die Chance der Teilnahme höher.

Durch Link Tracking ist indirekt zu erfassen, ob der Newsletter überzeugt. Indirekt, da nur erfasst wird, wieviele User auf den Link klicken. Ist festzustellen, dass der gleiche User beispielsweise ein Produkt gekauft hat, so wird angenommen, dass der Newsletter überzeugt. Ausserdem kann die Abmeldequote in den ersten sieben Tagen nach dem Versdandtermin beobachtet werden (vgl. o.V., 2002c).

Auch sollte der Newsletter dem verärgerten Leser die Möglichkeiten bieten, auf verschiedenen Wegen antworten zu können (telefonisch mit persönlichem Ansprechpartner, per Fax, per Mail). Der Kunde muss das Gefühl haben, dass er ernst genommen wird und seine Stellungnahme interessiert.

Es empfhielt sich, einen Kriterienkatalog anzulegen, der die wichtigsten Schlüsselkriterien zur Evaluation des Newsletters beinhaltet.

6.9 Schritt 9: Nachbereitung

Das Projektteam der Newsletter-Aktion muss den gesamten Vorgang reflektieren und analysieren. In einem Treffen werden Fragen erörtert, wie:

- Ist das Ziel der Newsletter-Aktion erreicht worden?
- Ist der Budgetrahmen eingehalten worden?
- Wie ist der Newsletter von den Lesern angenommen worden?
- Welche Änderungswünsche hatten die Leser für den Newsletter?
- Was hat das Team für die Zukunft gelernt?

Die Ergebnisse (Konsequenzen für die Kommunikation, die Textgestaltung, das Design) müssen sorgfältig dokumentiert werden. Mit Hilfe eines Data-Warehouse können die Rohdaten akribisch gesammelt, aufbereitet, analysiert, dargestellt und gespeichert werden. Darauf aufbauend wird entschieden, ob die Aktion Erfolg oder Misserfolg hatte, ob es sich lohnt, eine weitere zu organisieren und wenn, wie die nächste Newsletter-Aktion aussehen soll (vgl. o.V., 2002c).

Die erarbeiteten Ergebnisse können mit den Resultaten anderer Newsletter-Aktionen verglichen werden und sollten in die Erstellung des nächsten Newsletters einfließen.

6.10 Schritt 10: Erfolgskontrolle

Das Geheimnis des Gelingens einer Newsletter-Aktion fußt auf einen kontinuierlichen Verbesserungsprozess (KVP), der sich aus „Planen", „Tun", „Checken" und „Aktion" (PTCA) bildet. Abbildung 6.2 auf der nächsten Seite zeigt einen beispielhaften PTCA-Zyklus.

Die Erfolgskontrolle ist durch diesen fortdauernden Regelkreis übersichtlich durchzuführen. Jede Maßnahme wird einzeln auf Schwächen und Stärken analysiert und ihre Verbesserung geplant („Planen"). Die Verbesserungen werden umgesetzt („Tun") und anschließend auf Optimierungspotenzial geprüft („Checken"). Die gewonnenen Erkenntnisse sollen bei der nächsten Newsletter-Aktion in Handlungsaufforderungen umgesetzt werden („Aktion") (vgl. Wrede, o.A.).

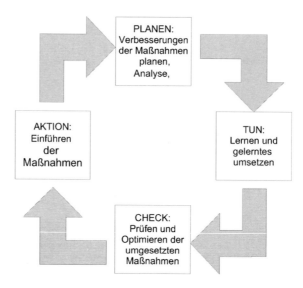

Abbildung 6.2: Ein beispielhafter PTCA-Zyklus für die Newsletter-Aktion
(vgl. Wrede, o.A.)

Mit der Zeit sammelt das Unternehmen Erfahrung mit Newslettern und ist in der Lage, einen Kennzahlen-Katalog zu erstellen. Dieses Dokument enthält die definierten Zielwerte und dient als Richtlinien zur Gestaltung des nächsten Newsletters. Eine sauber und lückenlos geführte Dokumentation ist wichtig, denn dadurch können die Kennzahlen und Messwerte vernetzt betrachtet werden und künftige Durchführungen wirksamer geleistet werden (vgl. o.V., 2002c).

7 Schluss

7.1 Zusammenfassung

Persuasive Technologie beruht auf den Grundlagen der psychologischen Persuasion. Dies bezeichnet psychologische Überzeugungsarbeit, die mittels Kommunikation stattfindet. Menschen versuchen durch Anwendung verschiedener Überzeugungsstrategien, die Meinung und das Verhalten der Zielperson zu beeinflussen. Ein zentrales Werk der psychologischen Persuasion ist die Arbeit über die existierenden Überzeugungsstrategien von Cialdini (Cialdini, 2006). Jede dieser Strategien, wie

- Commitment und Konsistenz,
- Soziale Bewährtheit,
- Sympahtie,
- Autorität,
- Knappheit und
- Reziprozität

werden im Alltag von Menschen bewusst oder unbewusst eingesetzt. Auf die einzelnen Strategien geht die Arbeit im Abschnitt 2.1 detailliert ein.

Zu psychologischer Persuasion gehören auch Kriterien, die trotz ihres unscheinbaren Auftretens große Veränderungen bewirken. Gladwell (Gladwell, 2002) beschreibt die Kriterien, wie zum Beispiel der Verankerungsfaktor oder die Macht der Umstände, die zur Persuasion von Rezipienten beitragen können (siehe Abschnitt 2.2.3). Sein Ansatz dient ebenfalls als Grundlage der persuasiven Technologie.

Persuasive Technologie ist die Beeinflussung des Menschen durch Computer (siehe Abschnitt 3.1). Diese Technologie beruht auf der Forschung von Fogg (Fogg, 2003) auf. Gegenstand der Forschung ist das Glaubwürdigkeitskonzept, welches sich mit der Glaubwürdigkeit (credibility) von Botschaften auseinandersetzt (siehe Abschnitt 3.2).

Newsletter als Technologie werden von Anbietern in erster Linie zur Kundenbindung und Kundenneugewinnung eingesetzt. Um den Leser vom Abbestellen des Newsletters abzuhalten, muss er Aufmerksamkeit vor allem durch einen qualitativen Inhalt erzeugen. Der wichtigste Aspekt bei der Konzeption eines Newsletters ist daher die Schaffung von Akzeptanz beim Leser. Dieses Ziel ist durch persuasive Faktoren erreichbar. Persuasive Strategien und Faktoren im Newsletter können etwa beim Einholen der Erlaubnis beim Empfänger, bei der persönlichen und individuellen Ansprache oder beim inhaltlichen Mehrwert eingesetzt werden (siehe Abschnitt 4.6).

Bei der Erstellung eines Newsletters als persuasive Technologie, sind neben der inhaltlichen Gestaltung noch weitere wichtige Punkte zu berücksichtigen. Ein Konzept zur Gestaltung eines Newsletters als persuasive Technologie sollte daher folgende Schritte umfassen:

Schritt 1	Zielfindung,
Schritt 2	Adressgewinnung,
Schritt 3	Newsletter-Inhalt,
Schritt 4	Versandvorbereitung,
Schritt 5	Testphase,
Schritt 6	Versandfreigabe,
Schritt 7	Durchführung,
Schritt 8	Evaluation,
Schritt 9	Nachbereitung und
Schritt 10	Erfolgskontrolle.

Eine konkrete Ausführung der einzelnen Schritte ist in Kapitel 6 dargelegt.

7.2 Fazit und Ausblick

Die vorliegende Untersuchung hat gezeigt, dass es möglich ist, psychologische Überzeugungsstrategien und andere Faktoren zur Persuasion auf einen Newsletter anzuwenden. Es hat sich während der Anfertigung der Studie herausgestellt, dass nicht jede Überzeugungsstrategie gleichermaßen auf den Newsletter übertragbar ist. So ist die

Technik der Autorität an keiner Stelle des Newsletters gebraucht worden. Im Unterschied dazu ist die Taktik der Sympathie in der wichtigsten Situation, der Einholung des Einverständnisses (Permission) des Empfängers für den Newsletterversand, umgesetzt worden. Weiterführend wurde festgestellt, dass in der Phase, in der der Leser sich abmelden möchte, keine psychologischen Strategien zur Überzeugung anzuwenden sind.

Bei der Recherche viel auf, dass die Mehrzahl der Newsletteranbieter die Überzeugungsstaktiken zu wenig einsetzten, um die Kundenbindung und die Neukundengewinnung zu erzielen. Die Tatsache, dass Newsletter eine große Konkurrenz haben, spricht für einen zunehmenden Einsatz der persuasiven Techniken in einem Newsletter.

Es stellt sich daher die Frage, welche Strategien und Techniken der Überzeugung im Newsletter tatsächlich in der Praxis angewendet werden können. Deshalb ist das hier vorgestellte Konzept die Basis für eine nächste Untersuchung. Folge dessen käme die Umsetzung des Konzepts bei der Entwicklung eines realen Newsletters.

Der nächste Schritt wäre daher, die Wirkung der Überzeugungstechniken in dem nach dem Konzept entwickelten Newsletter zu testen. Das Konzept beschreibt unter Schritt 8, wie der Newsletter nach den Kriterien der Persuasion zu evaluieren ist. Unterdies schlage ich vor, die Wirkung an direkten Zahlen zu messsen. Die Erhebung der Zahlen kann beispielsweise durch einen Labortest geschehen. Die Testpersonen müssen einen Fragebogen zum Newsletter ausfüllen. Hierbei soll die Meinung über die Wirkung der Newslettergestaltung, wie etwa Farbharmonie, Textformulierung oder die Verwendung von Expertenmeinungen abgefragt werden. Der Test soll herausbekommen, welche Strategie die Leser wirklich in ihrer Einstellung und Handlung verändert. An diesem Punkt sollten genauer die Strategien der Sympathie und der Reziprozität beleuchtet werden. Diese sind am häufigsten im Alltag anzutreffen und daher die überzeugungsfähigsten Taktiken.

Literaturverzeichnis

[Aizen und Fishbein 1975]   AIZEN, Icek ; FISHBEIN, Martin: *Belief, Attitude, Intention, and Behaviour: An Introduction to Theory and Research*. Massachusetts : Addison-Wesley Publishing Company, 1975

[Aschoff 2005]   ASCHOFF, Martin: *Professionelles Direkt- und Dialogmarketing per E-Mail*. 2., vollständig überarbeitete Auflage. München : Carl Hanser Verlag, 2005

[Beckermann 2005]   BECKERMANN, Ansgar: *Haben wir einen freien Willen?* 2005. – URL http://www.philosophieverstaendlich.de/freiheit. – Zugriffsdatum: 20.02.2007

[Berger o.A.]   BERGER, Bruce: *Persuasive Communication*. o.A.. – URL http://www.uspharmacist.com/oldformat.asp?url=newlook/files/phar/apr00rel.htm. – Zugriffsdatum: 02.02.2007

[Chak 2002]   CHAK, Andrew: *Submit Now. Designing Persuasive Web Sites*. Indianapolis : New Riders Publishing, 2002

[Cialdini 2006]   CIALDINI, Robert B.: *Die Psychologie des Überzeugens. Ein Lehrbuch für alle, die ihren Mitmenschen und sich selbst auf die Schliche kommen wollen*. 4. korrigierte Auflage. Bern : Hans Huber Verlag, 2006

[Cusin 2003]   CUSIN, Cristina: *Visualisierungstechnik: 6-Seiten-Cave*. Stuttgart, Hochschule der Medien, Hausarbeit, 2003

[Eisler 2004a]   EISLER, Rudolf: *Gewissen*. 2004. – URL http://www.textlog.de/4168.html. – Zugriffsdatum: 15.02.2007

[Eisler 2004b]   EISLER, Rudolf: *Selbstbewusstsein*. 2004. – URL http://www.textlog.de/5181.html. – Zugriffsdatum: 18.02.2007

[Eisler 2006]   EISLER, Rudolf: *Ich. Nachschlagewerk zu Immanuel Kant*. 2006. – URL www.textlog.de/32427.html. – Zugriffsdatum: 18.02.2007

[Engstler 2004]   ENGSTLER, Martin: *Projektmanagement. Skript zur Vorlesung*. 2004

[Fogg 1998]   FOGG, B. J.: *Persuasive Computers. Perspectives and Research Directions*. 1998. – URL http://captology.stanford.edu/Key_Concepts/Papers/CHIresearch.pdf. – Zugriffsdatum: 22.03.2007

[Fogg 2003]   FOGG, B. J.: *Persuasive Technology. Using Computers to Change What We Think and Do*. San Francisco : Morgan Kaufmann Publisher, 2003

[Gatzke 2006]   GATZKE, Monika: *Newsletter:zu viel Kilo(bytes)*. 2006. – URL http://www.ecin.de/news/2006/05/22/09510/index.html. – Zugriffsdatum: 26.03.2007

[Gatzke 2007]   GATZKE, Monika: *Die Rich-Media Landschaft in Europa*. 2007. – URL http://www.ecin.de/state-of-the-art/rich-media/. – Zugriffsdatum: 28.03.2007

[Gigold 2004]   GIGOLD, Thomas: *Einführung in RSS - Was ist RSS?* 2004. – URL http://www.rss-verzeichnis.de/was-ist-rss.php. – Zugriffsdatum: 30.03.2007

[Gladwell 2002]   GLADWELL, Malcolm: *Tipping Point. Wie kleine Dinge Großes bewirken können*. 2002. – Wilhelm Goldmann Verlag

[Godin 2001]   GODIN, Seth: *Permission Marketing. Kunden wollen wählen können*. München : FinanzBuch Verlag, 2001

[Gschwendner-Lukas 2004]   GSCHWENDNER-LUKAS, Tobias: *Implizit-expilzit-Moderation. Fungieren funktional äquivalente Situations- und Personenmerkmale der Introspektion und der Adjustierung als Konsistenzmoderatoren?* Universität Trier, Diplomarbeit, 2004

[Heidmann 2004]   HEIDMANN, Frank: *Unterstützende Wirkung*. 2004. – URL http://www.hci.iao.fraunhofer.de/uploads/tx_publications/Heidmann2003_Unterstuetzende_Wirkung.pdf. – Zugriffsdatum: 06.06.2007

[Janssen 2004]   JANSSEN, Wilhelm: *Teaser*. 2004. – URL http://www.at-mix.de/teaser.htm. – Zugriffsdatum: 04.04.2007

[Klein und Kresse 2005]   KLEIN, Hans-Michael ; KRESSE, Albrecht: *Psychologie - Vorsprung im Job*. 1. Auflage. Berlin : Cornelsen Verlag Scriptor, 2005

[Koschnick o.A.]   KOSCHNICK, Wolfgang J.: *Ablenkung (ablenkende Kommunikation)*. o.A.. – URL www.kress.de/medialexikon/fml.php?id=19. – Zugriffsdatum: 02.02.2007

[Kretzberg 2000]   KRETZBERG, Jutta: *Forschungsbereich 1: Mechanismen von Verhaltensentscheidungen.* 2000. – URL http://www.techfak.uni-bielefeld.de/GK518/antrag/forschung1.html. – Zugriffsdatum: 05.03.2007

[Kruse O.A.]   KRUSE, Maike J. (Hrsg.): *Der Äufhänger E-Mail-Marketing mit Erfolg - Fallbeispiele.* o.A.

[Lehmann u. a. 2005]   LEHMANN, Peter ; FREYBERGER, Klaus ; SEUFERT, Andreas ; ZIRN, Wolfgang ; GRASSE, Sven ; SUHL, Christian ; BUSINESS INTELLIGENCE, Institut für (Hrsg.): *Modellierung und Reporting mit SAP BW. Detaillierte Einführung, Praxisorientierte Funktionalitäten, Umfassende Fallstudie Steb-by-Step.* Stuttgart : Steinbeis Edition, 2005

[MacPherson 2001]   MACPHERSON, Kim: *Permission-Based E-Mail Marketing That Works!* Chicago : Dearborn Trade, 2001

[Manhartsberger und Musil 2001]   MANHARTSBERGER, Martina ; MUSIL, Sabine: *Web Usability. Galileo Design. Das Prinzip des Vertrauens.* Bonn : Galileo Press, 2001

[Nielson 2002]   NIELSON, Jakob: *Email Newsletter Pick Up Where Websites Leave Off.* 2002. – URL http://www.useit.com/alertbox/20020930.html. – Zugriffsdatum: 11.03.2007

[Nielson 2007]   NIELSON, Jakob: *Nielson Norman Group Report. Email Newsletter Usability. Executive Summary.* 2007. – URL http://www.nngroup.com/reports/newsletters/summary.html. – Zugriffsdatum: 11.03.2007

[o.V. 2002a]   O.V.: *Duden. Das Fremdwörterbuch.* Bd. Band 5. 7., neu bearbeitete und erweiterte Auflage. Mannheim : Dudenverlag, 2002

[o.V. 2002b]   O.V. (Hrsg.): *E-Mail-Marketing - Step-by-Step - Teil 1.* Feig & Partner, 2002. – URL http://www.contentmanager.de/magazin/artikel_219_e-mail-marketing_step-by-step_1.html. – Zugriffsdatum: 21.04.2007

[o.V. 2002c]   O.V. (Hrsg.): *E-Mail-Marketing - Step-by-Step - Teil 2.* Feig & Partner, 2002. – URL http://www.contentmanager.de/magazin/artikel_222_e-mail-marketing_step-by-step_2.html. – Zugriffsdatum: 21.04.2007

[o.V. 2004]   O.V.: *The Cave.* 2004. – URL http://www.gup.uni-linz.ac.at/cave/thecave.php. – Zugriffsdatum: 03.05.2007 [o.V. 2007a]   o.V.: *Autorität.* 2007. – URL http://de.wikipedia.org/wiki/Autorit%C3%A4t. – Zugriffsdatum: 05.04.2007

[o.V. 2007b]   o.V.: Avatar (Internet). In: *Wikipedia. Die freie Enzyklopädie* (2007). – URL http://de.wikipedia.org/wiki/Avatar_(Internet). – Zugriffsdatum: 23.04.2007

[o.V. 2007c]   o.V. (Hrsg.):   *Content Management System.* Wikipedia. Die freie Enzyklopädie, 2007. – URL http://de.wikipedia.org/wiki/Content-Management-System. – Zugriffsdatum: 30.04.2007

[o.V. 2007d]   o.V.:   *eco-Verband.*   2007. –   URL http://www.eco.de/servlet/PB/menu/1002673_l1/index.html. – Zugriffsdatum: 06.06.2007

[o.V. 2007e]   o.V.: *Einstellung.* 2007. – URL http://www.uni-marburg.de/fb04/team-wagner/lehre/downloads/sozialpsychologie\%20I/7.\%20Attitudes. – Zugriffsdatum: 24.10.2006

[o.V. 2007f]   o.V.:   *Einstellungen.*   2007. –   URL http://www.uni-hamburg.de/fachbereiche-einrichtungen/fb16/absozpsy/vl_sozpsych_B4.pdf. – Zugriffsdatum: 24.10.2006

[o.V. 2007g]   o.V. (Hrsg.): *Ethik.* Wikipedia. Die freie Enzyklopädie, 2007. – URL http://de.wikipedia.org/wiki/Ethik. – Zugriffsdatum: 13.04.2007

[o.V. 2007h]   o.V.: *Marketing-Mix.* 2007. – URL http://www.4managers.de/themen/marketing-mix/. – Zugriffsdatum: 23.05.2007

[o.V. 2007i]   o.V.: *Soziale Einstellungen.* 2007. – URL www.uni-leipzig.de/~sozpsy/download/blank/Sozpsy\%20I/VL\%20Sozpsy\%20I-2.rtf. – Zugriffsdatum: 24.10.2006

[o.V. 2007j]   o.V. (Hrsg.): *Sympathie.* Wikipedia. Die freie Enzyklopädie, 2007. – URL http://de.wikipedia.org/wiki/Sympathie. – Zugriffsdatum: 02.02.2007

[o.V. 2007k]   o.V.: Überzeugung. In: *Wikipedia. Die freie Enzyklopädie* (2007). – URL http://de.wikipedia.org/wiki/%C3%9Cberzeugung. – Zugriffsdatum: 02.06.2007

[Pauen 2005]   PAUEN, Michael: Willensfreiheit, Neurowissenschaften und die Philosophie. In: HERRMANN, Christoph S. (Hrsg.) ; PAUEN, Michael (Hrsg.) ; RIEGER, Jochem W. (Hrsg.) ; SCHICKTANZ, Silke (Hrsg.): *Bewusstsein. Pholosophie, Neurowissenschaften, Ethik.* München : UTB/Wilhelm Fink Verlag, 2005

[Rautenstrauch 1997]   RAUTENSTRAUCH, C.: *Effiziente Gestaltung von Arbeitsplatzsystemen - konzepte und Methoden des Persönlichen Informationsmanagements*. Bonn : Addison-Wesley, 1997

[Rosenberg und Hovland 1960]   ROSENBERG, M. J. ; HOVLAND, Carl I.: Cognitive, Affective, and Behavioral Components of Attitude. In: ROSENBERG, M. J. (Hrsg.) ; HOVLAND, Carl I. (Hrsg.): *Attitude, Organisation and Change*. New Haven : Yale University Press, 1960

[Schradi o. A.]   SCHRADI, B.: *Newsletter*. o. A.. – URL http://www.symweb.de/glossar/newsletter__195.htm. – Zugriffsdatum: 02.06.2007

[Schräpler 2007]   SCHRÄPLER, Frank: *Was sind Alt-Tags + Comment-Tags?* 2007. – URL http://www.cms-ranking.de/comment-tags.html. – Zugriffsdatum: 11.05.2007

[Schubert 2005]   SCHUBERT, Katharina: *Glaubwürdigkeit*, Universität Regensburg, Seminararbeit, 2005

[Schulz-Amling 2001]   SCHULZ-AMLING, Daniel: *Einstellungen. Die Theorie des überlegten Handelns (Ajzen & Fishbein 1975)*. 2001. – URL http://www.socioweb.de/seminar/einstellungen/vertiefen/index2.htm. – Zugriffsdatum: 20.03.2006

[Schwarz 2000]   SCHWARZ, Torsten: *Permission Marketing macht Kunden süchtig*. Würzburg : Max Schimmel Verlag, 2000

[Schwarz 2005a]   SCHWARZ, Torsten: *Leitfaden eMail Marketing und Newsletter-Gestaltung*. 3. Auflage. Waghäusel : Verlagsrechte liegen bei Torsten Schwarz. Books on Demand, 2005

[Schwarz 2005b]   SCHWARZ, Torsten: *Leitfaden Permission Marketing*. Waghäusel : Verlagsrechte liegen bei Torsten Schwarz. Books on Demand, 2005

[Schwarz 2006a]   SCHWARZ, Torsten: *Leitfaden Integriertes Marketing*. Waghäusel : Verlagsrechte liegen bei Torsten Schwarz. Books on Demand, 2006

[Schwarz 2006b]   SCHWARZ, Torsten: *Online Marketing Trends 2007. Die wichtigsten Trends im Online-Marketing. Wo werden Unternehmen im neuen Jahr ihre Aktivitäten verstärken oder reduzieren?* 2006. – URL www.marketing-boerse.de/Fachartikel/details/Online-Marketing-Trends-2007. – Zugriffsdatum: 11.12.2006

[Schwarz 2007]   SCHWARZ, Torsten: *E-Mail-Marketing setzt sich durch*. 2007. – URL http://www.absolit.de/email.htm. – Zugriffsdatum: 28.03.2007

[Stock 2000]   STOCK, Wolfgang G.: *Informationswirtschaft. Managmentwissen für Studium und Praxis*. München : Oldenbourg Wissenschaftsverlag, 2000

[Strauß 2004]   STRAUSS, Hannah: *Das Heuristisch-Systematische Modell. Motivationale Annahme*. 2004. – URL www.uni-bielefeld.de/psychologie/ae/AE05/LEHREWS200405/Persuasion/Strauss.ppt. – Zugriffsdatum: 25.02.2007

[Syque 2007]   SYQUE (Hrsg.): *The Elaboration Likelihood Model*. URL http://changingminds.org/explanationstheories/elaboration_likelihood.htm. – Zugriffsdatum: 25.02.2007, 2007

[Tesser u. a. 1983]   TESSER, Abraham ; CAMPBELL, J. ; MICKLER, S.: The role of social pressure, attention to the stimulus, and self doubt in conformity. In: *European Journal of social Psychology* (1983), Nr. 13. Ausgabe

[von Thun 2004]   THUN, F. S. von: *Das Kommunikationsquadrat*. 2004. – URL http://www.schulz-von-thun.de/mod-komquad.html. – Zugriffsdatum: 13.10.2006

[Ungerer 2006]   UNGERER, Bert: Sendungsbewusst. Fehler beim Newsletterversand und deren Vermeidung. In: *ix. Magazin für professionelle Informationstechnik*. Hannover : Heise Zeitschriften Verlag, August 2006

[Watzlawick 2005]   WATZLAWICK, Paul: *Wie wirklich ist die Wirklichkeit? Wahn, Täuschung, Verstehen*. 3. Auflage. München : Piper Verlag, 2005

[Wirth 2002]   WIRTH, Thomas: *Missing Links. Über gutes Webdesign*. München : Carl Hanser Verlag, 2002

[Wrede o.A.]   WREDE, Klaus: *Gruppenarbeit und der Kontinuierliche Verbesserungsprozess*. o.A.. – URL http://www.symposion.de/gruppenarbeit/ga_10.htm. – Zugriffsdatum: 21.05.2007

[Zimbardo und Gerrig 2004]   ZIMBARDO, Philip G. ; GERRIG, Richard J.: *Psychologie*. 16., aktualisierte Auflage. München : Pearson Education Verlag, 2004